Daniel Gardemin

Die
Ihme

Hannovers unentdeckte Schönheit

Ein Kultur- und
Reiseführer

Leuenhagen & Paris

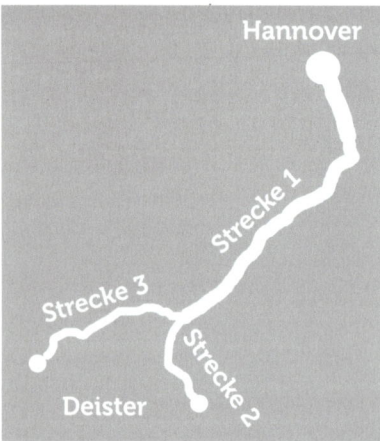

Wegbeschreibung der Abschnitte der Fahrradtour

Mit QR-Codes für Komoot-Streckennavigation.

Die Fahrradtour startet in Hannover-Linden und endet entweder in Evestorf am Ihme-Ursprung (Strecke 1), am Steinkrug im Deister (Strecke 1 und 2) oder an den Wennigser Wasserrädern im Deister (Strecke 1 und 3).

Selbstverständlich sind die Abschnitte auch umgekehrt vom Deister aus nach Hannover fahrbar oder an S-Bahnhaltestellen abkürzbar. Nahe der Streckenendpunkte sind Haltestellen der S-Bahn erreichbar. Die Fahrradmitnahme in der Region Hannover ist in den S-Bahnen am Wochenende und an Feiertagen kostenlos. Schwierigkeitsgrad der Tour: Mittlere Streckenanforderung mit normalem Alltagsfahrrad.

Gesamtstrecken

Ihme-Mündung Hannover-Linden bis zum Steinkrug: **27 Kilometer**
Ihme-Mündung Hannover-Linden bis zu den Wasserrädern:
30 Kilometer (alternativ bis Wennigsen: **27 Kilometer**)

Strecke 1:
Die Ihme
**Von der Ihme-Mündung in Hannover-Linden
zum Ihme-Ursprung in Evestorf am Deister**

Start: Justus-Garten-Brücke, Hannover-Linden
Ziel: Ihme-Ursprung in Evestorf am Deister
Strecke: mittelschwer, naturnah, teilweise unasphaltiert (zwischen Vörie und Evestorf unbefestigter Feldweg), kaum Autoverkehr
Entfernung: 21,5 Kilometer
Höhenprofil: ↗ 90 Meter, ↘ 70 Meter
Fahrzeit ohne Pausen: 2 Stunden
Entfernung vom Zielort zum nächsten S-Bahnhof in Lemmie:
2,2 Kilometer, 7 Minuten, ↗ 9 Meter
Länge der Ihme: 16 Kilometer

Strecke 2:
Der Bredenbecker Bach
Vom Ihme-Ursprung in Evestorf
bis zur Quelle am Steinkrug im Deister

Start: Ihme-Ursprung in Evestorf

Ziel: Steinkrug im Deister

Strecke: mittelschwer, naturnah, teilweise unasphaltiert, zum Ziel leichte Steigung, Teilstück von 300 Metern am Rittergut Knigge als Fußweg (absteigen, umfahrbar), kaum Autoverkehr

Entfernung: 5,2 Kilometer

Höhenprofil: ↗ 90 Meter

Fahrzeit ohne Pausen: 45 Minuten

Entfernung vom Zielort zum nächsten S-Bahnhof in Bennigsen:

2,4 Kilometer, 6 Minuten, ↘ 48 Meter

Länge Bredenbecker Bach: 4,8 Kilometer

Strecke 3:
Der Wennigser Mühlbach
Vom Ihme-Ursprung in Evestorf zu den Quellen
an den Wasserrädern im Deister

Start: Ihme-Ursprung in Evestorf

Ziel: Wasserräder Wennigsen im Deister (alternativ Wennigsen)

Strecke: mittelschwer, naturnah, zum Ziel ab Naturbad Wennigsen starke Steigung (alternativ Tour in Wennigsen beenden), teilweise unasphaltiert, Teilstück von 860 Metern im Ortskern Wennigsen als Fußweg, eine kleine Treppe (absteigen oder umfahren), Autoverkehr zwischen Sorsum und Wennigsen.

Entfernung: 8,8 Kilometer (alternativ bis Wennigsen 6,4 Kilometer)

Höhenprofil: ↗ 170 Meter (bis Wennigsen ↗ 10 Meter)

Fahrzeit ohne Pausen: 1 Stunde

Entfernung vom Zielort zum nächsten S-Bahnhof in Egestorf:

3,6 Kilometer, 12 Minuten, ↘ 116 Meter

Länge Wennigser Mühlbach (bis Bruchbach): 7,3 Kilometer

Gute Navigation bietet auch die von der Region Hannover unterstützte App ‚Bike Citizens'. Die App ‚DeisterX' zeigt Touren zur Bergbaugeschichte des Deisters. In der App ‚Actionbound' unter dem Suchwort ‚Wasserpfade' hat die Naturfreundejugend Erkundungen in der Leine- und Ihme-Masch hinterlegt. Eine Tour zur Ihme-Mündung hat Kurt Wolter ausgearbeitet: *https://www.myheimat.de/hannover-heideviertel/c-freizeit/eine-radtour-entlang-der-ihme-von-deren-beginn-bei-evestorf-bis-zur-muendung-in-die-leine_a2887171*
Eine schöne Rundtour des ADFCs von Wettbergen aus an den Stapelteichen vorbei nach Linderte findet sich unter: *https://hannover-region.adfc.de/artikel/radtour-zu-wasserbueffeln-und-hexenhaus*

Die Ihme
Von Hannover bis zum Ihme-Ursprung
11

Bredenbecker Bach 106
Das vornehme Wasser

Wennigser Mühlbach 122
Das heilige Wasser

Die Zukunft der Ihme 144
Gesamtkonzept eines Natur- und Erlebnisraumes

Blick auf das sommerliche Fährmannsufer.

Links die Leine, rechts die Ihme. Im Hintergrund die Hof- und Stadtkirche in der Calenberger Neustadt und das Rathaus der Stadt Hannover.

Einleitung – Eine Entdeckungsreise

Eigentlich sollte es ja nur eine Radtour werden. Ich war neugierig, welchen Weg die Ihme nimmt, wo sie entspringt. Doch ich kam nicht weit, immer wieder öffneten sich herrliche Ausblicke, Wiesen und Badestellen luden zum Verweilen ein. Je besser ich den Ihme-Fluss kennenlernte, desto mehr interessante Aspekte erschlossen sich. Als dann ein Aufruf kam, die schönsten Fahrradtouren aus der Zeit des Lockdowns aufzuschreiben, habe ich mich an die Recherche gemacht.

Eigentlich kenne ich die Ihme schon von Kindesbeinen an. Aber ihre Bedeutung habe ich erst jetzt begriffen. Die Ihme war für mich in den 1970er Jahren einfach nur der dreckige Entwässerungsfluss der Leine. Am Wehr des Schnellen Grabens wurde das Wasser ordentlich durchgeschüttelt. Chlorkalk und Salzsäure aus dem Bleichvorgang der Papierfabrik in Alfeld sorgten dann bis zum Ihme-Zentrum für hohe feste Schaumkronen, mal weiß, mal grüngelb, mal bläulich. Die Rübengülle aus Weetzen gab den faulen Geruch dazu. Später erfuhr ich, dass die Ihme über mehr als hundert Jahre alle erdenklichen Industrieabfälle aufgenommen hat. Eisengießerei, Gummifabriken und Textilproduktion haben das Flussbett mit Schwermetallen angereichert. Ihme und Leine waren die schmutzigsten Gewässer Niedersachsens geworden.[1] Durch Kanalisierungen wurde zudem der natürliche Flusslauf verändert, Überschwemmungswiesen wurden aufgeschüttet und bebaut, durch die Engführung und Begradigung drang das Hochwasser in die Wohngebiete. Alles keine guten Voraussetzungen.

Trotz oder auch gerade wegen der Schaumkronen war ich neugierig auf die beiden großen Flüsse Hannovers, die Ihme und die Leine, geworden. Die Erwachsenen damals konnten mir nicht weiterhelfen, kaum jemand kannte sich mit den Flussläufen in Hannover aus. Irgendwo verschwanden Leine und Ihme beim Maschsee und kamen im Norden der Stadt wieder ans Tageslicht. Ein Wissen um unsere Flüsse und ein Leben mit unseren Flüssen schien verloren gegangen.

Heute nehme ich wahr, wie das Interesse an den Wasserläufen deutlich steigt. Neue Wege werden gebaut, Ideen entwickelt und einige Mutige wagen sogar wieder das Flussschwimmen, das lange in der Ihme sehr beliebt war. Doch welcher Fluss nun Ihme ist und welchen Lauf die Leine nimmt, ist damit noch nicht geklärt. Fragen Sie dazu mal jemanden am Fährmannsufer, dem Zusammenfluss der beiden großen Flüsse.

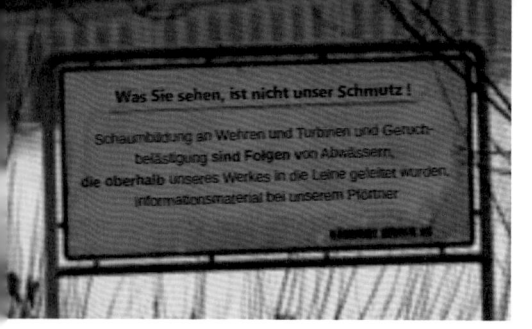

Im Bild: Was Sie sehen, ist nicht unser Schmutz!

Schaumbildung an Wehren und Turbinen und Geruchsbelästigung sind Folgen von Abwässern, die oberhalb unseres Werkes in die Leine geleitet wurden. Informationsmaterial bei unserem Pförtner

Noch in den 1970er Jahren trugen Leine und Ihme dichte Schaumkronen aus der Industrieproduktion. *Foto: Jens Schade*

Ich hoffe, dass mein Büchlein dazu beiträgt, dieses und anderes verschütt gegangene Wissen wieder ein wenig mehr ins Bewusstsein unserer Stadt zu bringen. Denn viel hat sich an der Ihme getan. Statt der Schaumkronen auf dem Fluss ist vor wenigen Jahren der Biber an die Ihme und ihre Quellbäche zurückgekehrt. Dort, wo es am trubeligsten ist, am Zusammenfluss von Ihme und Leine, hat er seine Burg gebaut.

Genau an der Mündung der Ihme soll mein Bericht beginnen. Begleitet wird er von einem Vorschlag für eine Radtour. Der Verlauf der Ihme und ihre Zuflüsse können an einem Tag mit dem Rad erkundet werden. Es ist eine sehr erholsame und entdeckungsreiche Radfahrt. Wer sich Zeit lässt, kann daraus eine echte Radwandertour an den Quellbächen entlang bis in den Deister und mit dem Zug zurück unternehmen. Auch ein Deisterwochenende mit einer Übernachtung in Wennigsen oder Bredenbeck ist möglich.

Die Ihme entlang hat fast zu jeder Jahreszeit ihren Reiz. Vor allem das intensive Lichtspiel um Wasser verändert sich im Jahreslauf. Es lässt sich auch hervorragend unterwegs einkehren. Über zehn Restaurants und Cafés direkt an der Ihme habe ich in diesem Bericht beschrieben. Oder wie wäre es mit einer Badetour mit den Kindern im Sommer? An der Ihme und ihren Quellbächen liegen immerhin sieben offizielle Badestellen. Und auch der Sprung in das Flusswasser ist ausdrücklich erlaubt. Die Ihme bietet viele Möglichkeiten bester Naherholung.

Die Rückfahrt kann mit der S-Bahn erfolgen oder wieder mit dem Rad. Alle Strecken sind auch zu Fuß zu erwandern. Am Schnellen Graben und an der Ihme-Mündung lassen sich Boote ausleihen. Zwischen diesen beiden Orten ist die Ihme schiffbar. Die abwechslungsreiche Strecke bietet also viele Möglichkeiten.

Ich selber wohne in Hannover-Linden direkt an der Ihme-Mündung. Daher beginne ich an der breitesten Stelle des Ihme-Flusses. Genauso ist es aber möglich, die Fahrt auch von einer der Quellen der Ihme aus zu starten, dann muss mein Bericht vom Ende her durchgeschaut werden. Die Ihme ist für Linden und die Industriegeschichte des Westens Hannovers ebenso bedeutsam wie für die Menschen am Oberlauf, vor allem in den Deisterorten Wennigsen und Bredenbeck. Sie ist mehr verbindendes Band des Calenberger Landes als wir denken. Es wäre schön, wenn diese Verbindung zwischen Hannover und dem Deister mehr gewürdigt werden könnte, als Naturraum und für einen sanften Naherholungstourismus. Noch sind die Radwege an einigen Stellen völlig unzureichend, ein geschlossenes Wegekonzept gibt es schon gar nicht. Aber kleine Schmuckstücke und bereits entwickelte Details reihen sich an der Strecke aneinander. Carl Hans Hauptmeyer und Hans-Werner Dannowski kommen zu Wort, die kulturgeschichtlich das Calenberger Land zwischen Deister und Leine beschrieben haben. Die Ihme ist das blaue Band, an dem entlang sich das Calenberger Land sehr eindrucksvoll entwickelt hat. An ihr lebten und wirkten Protagonisten von Knigge bis Egestorff, die weit über die Grenzen Hannovers hinaus Bedeutung erlangt haben.

So finden sich in meiner kleinen Ausarbeitung nicht nur Routentipps, sondern Einblicke in die Geschichte des Kultur- und Naturraumes des westlichen Hannovers. Der Blick ist dabei immer vom Wasser aus auf die Umgebung gerichtet.

Also machen wir uns auf, die Ihme gegen den Strom zu erkunden. Lernen wir verstehen, was sie einst bedeutete, welche Reize sie heute zeigt und was aus ihr noch einmal werden kann.

Unsere Tour an der Ihme entlang ist auch eine Fahrt ins Detail. Wir sehen, wie die Ihme immer kleiner wird und wie Kleinigkeiten ihr Charakter verleihen. Es ist nicht die große Radwanderung wie an Weser oder Elbe, es ist eine Flussfahrt en miniature. Die an der Mündung noch wie ein großer Strom daherkommende Ihme wird schon bald zu einem kleinen Flüsschen, zwischendurch zur Beeke, letztlich zum Quellwasser. Einem Scheinriesen gleich, verändert sie ihre Größe bei genauerem Hinsehen. Das übersichtliche Format der Ihme lässt uns Zeit, uns treiben zu lassen, auf einer Bank ausruhend auf den Deister zu schauen oder in ein Landcafé einzukehren.

Erforderlich für unsere Kreuzfahrt an der Ihme sind eigentlich nur ein paar freie Stunden, ein normales Alltagsrad, etwas zu trinken und zu essen beziehungsweise Geld für Einkehr und gegebenenfalls Rückfahrt mit der S-Bahn, die am Wochenende und an Feiertagen auch Fahrräder ohne zusätzlichen Fahrschein transportiert. Und bei schönem Wetter sollten unbedingt die Badesachen mit, denn Badestellen gibt es an der Strecke reichlich.

Ich wünsche viel Vergnügen!
Daniel Gardemin

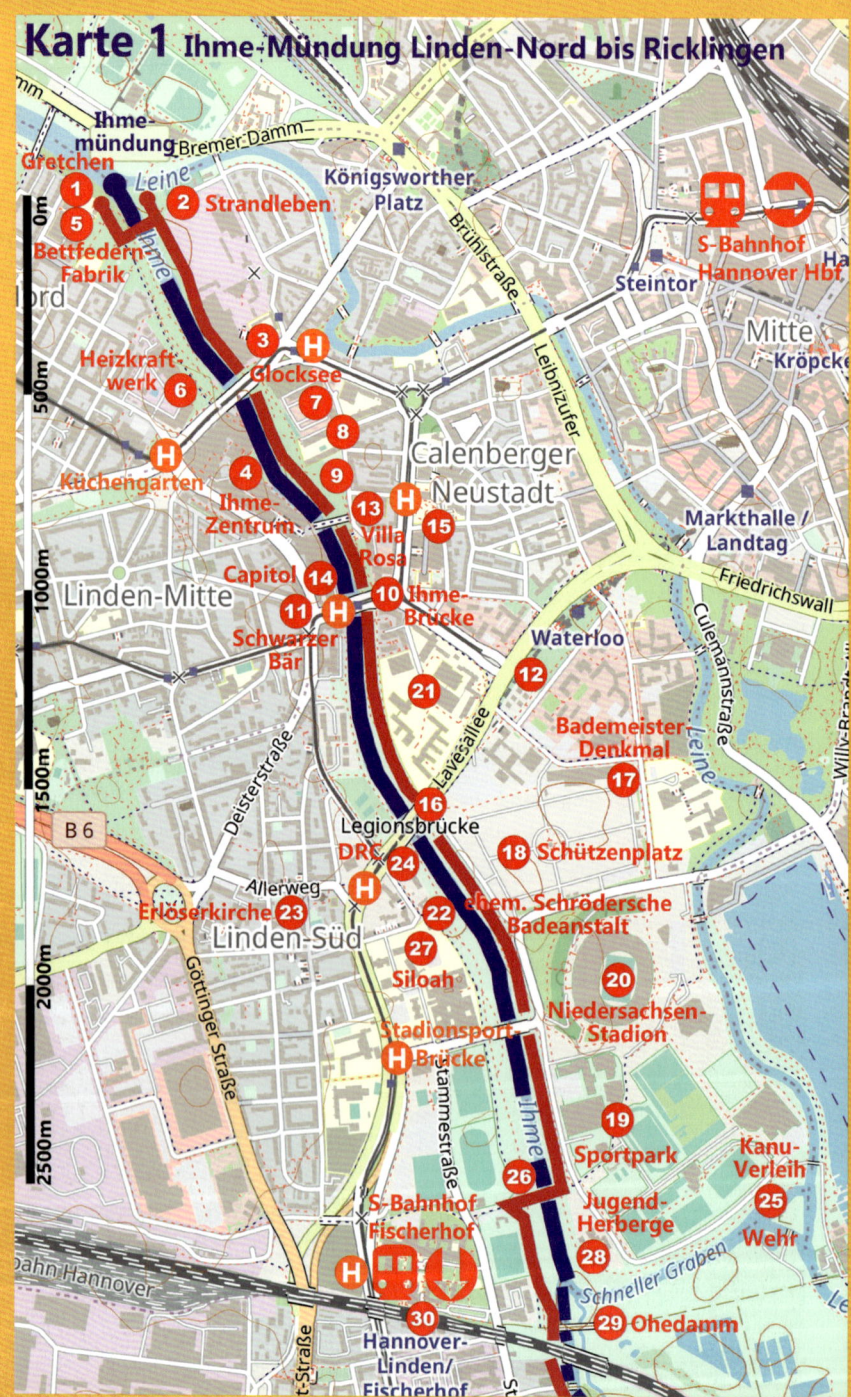

Karte 1 Ihme-Mündung Linden-Nord bis Ricklingen

Ihme-
mündung
Bremer Damm
Gretchen
Leine
Königsworther
Platz
1
Strandleben
2
5
Brühlstraße
S-Bahnhof
Hannover Hbf
Bettfedern-
Fabrik
Ihme
Steintor
Ha
Nord
Mitte
Kröpcke
Heizkraft-
werk
3
Glocksee
6
7
Calenberger
8
Neustadt
Küchengarten
Leibnizufer
4
Ihme-
Zentrum
9
13
15
Villa
Rosa
Markthalle /
Landtag
Capitol
14
Friedrichswall
1000m
Linden-Mitte
11
10
Ihme-
Brücke
Schwarzer
Bär
Waterloo
12
Culemannstraße
Leine
21
Bademeister-
Denkmal
17
Willy-Bran
Deisterstraße
1500m
Legionsbrücke
16
B 6
DRK
24
18
Schützenplatz
Erlöserkirche
23
Allerweg
22
ehem. Schrödersche
Badeanstalt
Linden-Süd
27
Siloah
20
Niedersachsen-
Stadion
Göttinger Straße
Stadionsport
Brücke
Ihme
19
Sportpark
Kanu-
Verleih
26
25
Jugend-
Herberge
Wehr
28
ahn Hannover
S-Bahnhof
Fischerhof
30
Schneller Graben
29
Ohedamm
Hannover-
Linden/
Fischerhof

Die Ihme
Von der Mündung bis zum Ursprung

An der Ihme-Mündung also soll die Reise losgehen. Treffpunkt kann der Biergarten Gretchen ❶ auf der Lindener Seite oder das Strandleben ❷ am Fährmannsufer sein. Das Gretchen befindet sich leicht erhöht mit Blick zur Ihme-Mündung am Kesselhaus der ehemaligen Bettfedernfabrik Werner und Ehlers. Die Bettfedernfabrik, heute Kulturzentrum Faust, ist das einzig erhaltene Industriedenkmal am Ihme-Ufer. Gegenüber im Strandleben an der Mündungsspitze von Ihme und Leine, sitzt man im Sand auf Liegestühlen auf der alten Fährmannsinsel.

Der Ihme-Strom ist hier mit fünfzig Metern mehr als doppelt so breit wie die unscheinbare Leine, die aus dem Schatten der Calenberger Neustadt kommend in der weiten Mündungslandschaft mit der Ihme zu einem großen Strom zusammenwächst. Dennoch ist die kleinere Leine der namensgebende Fluss. Schon vor den Toren der Stadt gibt sie einen großen Teil ihres Wassers über den Schnellen Graben in die Ihme, um so die Altstadt Hannovers vor Hochwasser zu schützen. Nur die Umleitung des Leine-Wassers lässt die Ihme zu diesem eindrucksvollen großen Fluss werden.

Die beiden Flüsse haben seit jeher die Menschen an diesem Mündungsort mit seinen vielen Flussarmen und fruchtbaren Ufern zusammengebracht. Der Mündungsort wird in einer Beschreibung des Königreichs Hannover als heiliges Ge-

Ihme-Mündung in die Leine.
Die Leine fließt rechts hinter dem Strand der
Fährmanns-Insel mit der Ihme zusammen.

Mittagspause an der Ihme-Mündung.

Das Segelschiff, ein sogenannter „Bremer Bock", liegt auf Höhe des Zusammenflusses von Leine (links hinter dem Schiffsmasten) und Ihme. Im Hintergrund ist die Silhouette Hannovers zu sehen. Am Ufer des Nedderfeldes werden die Tiere getränkt und zu Mittag ausgeruht. Der Bereich mit der markanten Baumgruppe wurde später als ,Justus-Garten' bekannt.
Radierung: Johann Heinrich Ramberg, um 1798

biet bezeichnet, als paradiesischer Ursprungsort. „Ihme soll die Grenze eines heiligen Gebiets bezeichnen. Die Leine und Ihme hatten in der alten Zeit mehr Wasser als jetzt. Noch im neunten Jahrhundert ging die Schifffahrt bis Elze hinauf. Wo die Leine und Ihme zusammenflossen, musste ein fruchtbarer Schlamm den Sandboden bedecken und den selben fähig machen, Waldungen zu tragen. Die Natur wies hier den Schiffern und Fischern eine Station an und so erklärt sich die frühe Bewohnung der Umgebung Hannovers durch ansehnliche Familien."[2]

In den ersten Erwähnungen wird die Ihme als Ymere oder Himera beschrieben. Auch tritt bereits 1091 ein „Herimanus de Imina" in Erscheinung, der flussaufwärts im Zusammenhang mit dem Dorf Ihme erwähnt wird. Später wird die Ihme dann zeitweise auch nur Ime genannt. Der Wortstamm findet sich in dem germanischen Eime oder Eimena oder auch im lateinischen femina, aus dem sich sprachhistorisch fließendes Gewässer, ein Bach, an dem entlanggegangen wird, ableiten lässt.[3]

Entlanggegangen und -geradelt wird immer noch, heute mehr als je zuvor. Die Ihme-Mündung ist ein Anziehungspunkt geworden. Viele Menschen drängeln sich über die schmale Justus-Garten-Brücke an der Ihme-Mündung. Allein mehr als eine Million Radquerungen jährlich weist die Brücke auf, die mit einem Zähl-

Fährmannsufer an der Ihme. Fähre vom
Justus-Garten nach Linden.
Foto: Wilhelm Hauschild, 1951

kontakt versehen ist. Im Sommer findet hier das Fährmannsfest statt, das größte
innerstädtische Musikfestival Hannovers.

Vor dem Brückenbau gab es an dieser Stelle bis in die 1950er Jahre eine Fährver-
bindung von Linden zum Justus-Garten, dem Ausflugs- und Gartenlokal von Bernhard Justus, der auch Boote für romantische Ausflüge vermietete.

Ausflugsboote waren immer beliebt auf der Ihme und auch eine Art Raddampfer
brachte einst eine Spur von Mississippi an die Ihme. Julius Hartmann, der die Erlebnisse seiner Jugend in der Calenberger Neustadt nahe des Fährmannsufers
aufgeschrieben hat, berichtet von einem Ausflug auf der Ihme Mitte des 19. Jahrhunderts: „Zuweilen wurde mit den Gästen auf der Ihme eine Bootsfahrt gemacht,
wozu in einem Sommer ein merkwürdiges Fahrzeug besondere Veranlassung gab.
Dieses Boot hatte außerhalb auf jeder Seite ein bis in das Wasser reichendes
Schaufelrad. Ein in der Mitte des Boots stehender Mann setzte beide Räder in
drehende Bewegung, so dass das Schiff vorwärts oder rückwärts fuhr."[4] Vielleicht
in Anlehnung an die Raddampferzeit auf der Ihme nennt der Lindener Blues-Club
heute seine in der Gaststätte Stern hörenswerte Veranstaltungsreihe stilgerecht
„Mississippi liegt mitten in Linden."

Fährmannsfest auf der Fährmannsinsel.

Justus-Garten-Brücke während des Fährmannsfestes.

Der Dampferbetrieb ist aufgegeben, jetzt werden Stand-up-Paddelbretter auf der Fährmannsinsel am Strandleben vermietet und im Sommer ist vor lauter Paddelbooten im Mündungsbereich kaum noch ein Durchkommen auf dem Wasser. Und auch an Land wird es nicht nur zum jährlichen Fährmannsfest eng, die „Promme", der Deich zwischen Leine und Ihme, hat sich zu einem beliebten Treffpunkt entwickelt.

An die Fährmannsinsel anschließend wurde 1893 im Zuge der Elektrifizierung an der damaligen Ihmestraße der Betriebshof der Hannoverschen Straßenbahnen eröffnet. In diesem Zusammenhang entstand auch das erste Dampfkraftwerk zur Stromerzeugung für das Oberleitungsnetz der Straßenbahnen und zum Laden der Akkumulatoren für den Batteriebetrieb der innerstädtischen Straßenbahnen. Auch ein Güterbahnhof der Straßenbahn schloss sich an. Mit den Güter-Straßenbahnen wurden Deisterkohle, Zement, Kali und andere Waren zum Leine-Hafen, der sich gegenüber der Fährmannsinsel am Nordufer der Leine befand, gebracht. Dabei wurde auch das Eisenbahnnetz genutzt. So besitzt das Schienennetz der Straßenbahn auch heute noch die gleiche Spurbreite wie die Schienennetz der Eisenbahn.[5]

Das Straßenbahndepot Glocksee liegt heute noch an gleicher Stelle ❸. Die Glocksee war die einstige Überschwemmungswiese, dat Klocke,[6] zwischen Ihme-Mündung und Leine. Die ursprünglich zu Linden gehörende Ortschaft Glocksee wurde im Zuge der Stadterweiterung als Glockseevorstadt der Calenberger Neustadt vorgelagert und schließlich 1871 zu Hannover eingemeindet.[6a] „Klocksee dar de Leyne unde de Yme to hope kommen", beschreibt der hannoversche Bürgermeister Christian Grupen die Örtlichkeit im 18. Jahrhundert.[7] „To hope" lässt sich mit

Hoffnung aber auch mit Haufen übersetzen und ist hier in dem Sinn zu verstehen, dass Leine und Ihme an dieser Stelle zu einem gemeinsamen Weg zusammenkommen.

An der Glocksee entlang fahren wir auf dem östlichen Ihme-Radweg nun immer geradeaus bis zur großen Ihme-Wiese. Wen es aus der Stadt herausdrängt, kann die nächsten Kapitel über die Bedeutung der Ihme für die Entwicklung Lindens und Hannovers überspringen. Die farbig hinterlegten Texte weisen den Weg. Wen die Hintergründe interessieren, macht es sich auf der Wiese oder am Ihme-Ufer gemütlich oder lässt an der Wasserkante die Beine in der Ihme baumeln.

Das Ihme-Zentrum
Erbe des Industriezeitalters

Am der Calenberger Neustadt gegenüberliegenden Lindener Ufer erhebt sich das Ihme-Zentrum ❹. Mit ihm verhält es sich wie mit der Ihme an dieser Stelle selbst. Es ist größer als angemessen, es drängt sich förmlich auf, wo eigentlich ein städtebaulich etwas bescheideneres Quartier hätte entstehen können. Es ist so groß, dass sein über 700 Meter langes Betonfundament zur Bauzeit als größte Betonplatte Europas galt. Noch heute wird das Ihme-Zentrum als „Deutschlands markantester Gebäudekomplex"[7a] bezeichnet, der den Anspruch „Urbanität durch Dichte" in jeder Hinsicht zu erfüllen versucht. Das nach der Ihme

Ihme-Zentrum mit Ihme als Grenzfluss zwischen Linden und Calenberger Neustadt. Im Vordergrund die Benno-Ohnesorg-Brücke. *Foto: Axel Heise, 2018*

benannte und in der öffentlichen Wahrnehmung mit gemischten Gefühlen betrachtete Wohn- und Gewerbe-Ensemble wurde Anfang der 1970er Jahre auf der Fläche der Mechanischen Weberei und des ehemaligen Bergwarenspeichers am Ihme-Hafen errichtet.

Ursprünglich sollte die Uferseite stärker auf das Wasser bezogen werden, ein Areal wurde sogar für einen kleinen Yachthafen freigelassen und wuchert heute vor sich hin. Allerdings leben die Bewohnerinnen und Bewohner ungeachtet aller Kritik gerne im Ihme-Zentrum, wissen sie doch um die zentrale Lage und den schönen Blick über ganz Hannover. Wen das nicht überzeugt, kann sich hier gerne einmal an einem warmen Abend ans Ihme-Ufer setzen und die Stimmung genießen, wenn sich die Lichter der Wohnungen im Wasser spiegeln.

Inzwischen ist das dem Ihme-Zentrum gegenüberliegende Ufer zu einem beliebten Treffpunkt vor allem für junge Menschen geworden, die die Urbanität im Grünen und am Wasser auf sich wirken lassen.

Vor dem Bau des Ihme-Zentrums stand dort die größte Weberei Europas. Die Mechanische Weberei war wegen ihres Velvetstoffes, des dunkelblauen Lindener Samts, weltberühmt. Ende des 19. Jahrhunderts wurden jährlich sieben Millionen Meter Samt von 3.000 Beschäftigten in diesem Fabrikkomplex hergestellt. Die „Mechanische", wie sie genannt wurde, konnte nicht nur über die Ihme Waren und Rohstoffe transportieren, sie hatte sogar einen eigenen Bahnanschluss. Wegen des hohen Wasserverbrauchs war allerdings die Lage an einem Fluss unabdingbar. Tuchfabriken brauchten vor allem weiches Wasser für den Färbeprozess. Bei der Mechanischen Weberei war zudem Wasser für das Schleifen der Samtschneidemesser erforderlich. Baurat Heinrich Debo pries 1863 die Perfektion des von der Ihme gespeisten Systems von Zisternen und Wasserleitungen, „wo mittelst eines kleinen Kanals das Wasser, so viel davon gebraucht werden kann, in die Färberei geführt wird, während das überschüssige Wasser durch den Kanal No. 28 in den Ihmefluß abfließt. Dieser Kanal nimmt auch das Regenwasser durch Drainsleitungen auf, so wie den Auswurf der Aborte und Pissoirs."[8]

Die blaue Ihme
Wasser als Rohstoff

Die Ihme hatte unter der schnell wachsenden Ansiedlung von Industriebetrieben sehr zu leiden. Das aus der Weberei und der benachbarten Lederwarenfabrik in die Ihme rückgeführte Wasser enthielt Chrom, Eisen und Zinn und so viel Farbe, dass noch hinter der Leine-Mündung deutlich an der Flussfarbe zu erkennen war, ob das berühmte Blau oder aber Smaragdgrün oder Velvetrot gerade auf dem Weltmarkt gefragt war. Vor allem die Abwässer des so beliebten „Lindener Sammet" färbten die Ihme in eine blauschwarze Brühe. Der Farbstoff schien unendlich vorhanden zu sein, wurde er doch unweit in der Egestorffschen Ultramarinfabrik tonnenweise synthetisch hergestellt.

Wiederholt wurde auch über Fischsterben in der Ihme berichtet. Es sei, so ein Bericht aus dem Jahr 1911, „ein Fischsterben zu verschiedenen Zeiten eingetreten, was jeden Tierfreund erschauern lässt, denn zu tausenden trieben Fische in allen Größen, bis zu 3-5 Pfund schwer, tot oder dem Verenden nahe, an der Oberfläche des Wassers den Fluss herunter und selbst die weniger empfindlichen, wie Aale, Hechte usw. erlagen dieser Vergiftung."[9]

Der Ausbeutung der Ihme entsprach der Umgang mit der Belegschaft. Schlechter Lohn, beengter Wohnraum und krank machende Arbeitsbedingungen mit zwölf und mehr Arbeitsstunden am Tag waren die Regel. Die Abgase der Fabriken führten zu Atemwegserkrankungen, eine Hungersnot im Winter 1853/54 traf Linden zusätzlich besonders hart.[10]

Fast die Hälfte der Beschäftigten waren Frauen an den Webstühlen und in der Färberei. 1873 reagierte die Fabrikleitung auf die unzumutbaren Zustände und richtete in den Gebäuden eine Kinderpflegeanstalt ein, in der Mütter ihre Säuglinge in Arbeitspausen stillen und die Kinder auf Krankheiten untersucht werden konnten.[11] Die Erfahrungen mit Krankheit und Tod durch Fabrikarbeit und eine Cholera-Epidemie 1831 hatten bereits dazu geführt, dass 1833 stromaufwärts hinter dem Schwarzen Bären ein städtisches Krankenhaus errichtet worden war. Dieses einzige städtische Krankenhaus Hannovers hatte eine Chirurgie, eine Syphilis-Sta-

Lindens Streetart.
Hall of Fame am Ihme-Ufer.

MECHANISCHE WEBEREI ZU LINDEN
HANNOVER·LINDEN

Fabrikation der bekannten
Lindener Samte
(Velvets und Velveteens)

Lindener
Cords und Moleskins
Lindener Ledersamte
Lindener Sportsamte
(Waschsamte)

Mechanische Weberei zu Linden.

Vorne im Bild der Küchengarten in Linden, hinter der Weberei die Ihme mit der Calenberger Neustadt. *Um 1920*

tion für Frauen und eine Abteilung für psychische Störungen. Flussaufwärts war das Wasser noch nicht verschmutzt, so dass mit der ersten Dampfmaschine im Königreich Hannover sauberes Ihme-Wasser mit einer Pferdestärke Leistung in das Lindener Krankenhaus gepumpt werden konnte.[12] Erst später wurden Dampfmaschinen in den Fabriken am Ihme-Ufer eingesetzt.

Im Flussbett und im Uferbereich liegen nach wie vor reichlich Schwermetalle, auch aus der Gummi-Produktion der Mittelland-Werke rechts neben der Mechanischen Weberei, die aus der Gummiwaren-Fabriken Harburg-Wien, der Hannoverschen Caoutchouc-, Guttapercha- und Telegraphen-Werke und der Gummiwaren-Fabrik Otto Köhsel hervorgegangen war. Davon ist heute so gut wie nichts mehr zu sehen, vor hundert Jahren war jedoch die gesamte Lindener Seite dicht an dicht mit Industriegebäuden bebaut, die alle vom Wasser der Ihme profitierten und das Wasser nach getaner Arbeit als Abwasser wieder in die Ihme zurückführten.

Heute erinnert auf der Lindener Seite der denkmalgerecht sanierte Schornstein des Kesselhauses der Bettfedern- und Daunenfabrik Werner und Ehlers ❺, die für das Reinigen der Federn Unmengen an Wasser benötigte, an das Industriezeitalter an der Ihme. Das Kesselhaus erzeugte Energie, geliefert mit Kohleschiffen über Leine und Ihme. Kohle speiste später auch die Turbinen des 1963 auf dem Gelände der ehemaligen Baumwollspinnerei- und Weberei gebauten Lindener Heizkraftwerkes ❻. Heute ist es mit einer Gasturbine versehen und mit seinen drei 125 Meter hohen Türmen – den drei warmen Brüdern – zum Wahrzeichen Lindens geworden. Wir werden es wieder sehen, wenn wir von den Ihme-Quellen im Deister Richtung Hannover schauen. Nachts kann es weit sichtbar in violetten Farben leuchten. Und es benötigt das Wasser der Ihme zur Kühlung der riesigen Turbinen. Die Kühlung ist, wie bei anderen Kraftwerken auch, nicht unproblematisch, verändert sich dadurch doch Temperatur und Strömung der Ihme.

Lindener Samt

MECHANISCHE WEBEREI ZU LINDEN
HANNOVER-LINDEN

EXPOSITION INTERNATIONALE
PARIS 1937 *Grand Prix*

Blaues Lindener Sammet.

Weltfachausstellung 1937 im Deutschen Pavillon.

Die Industrie brauchte das Ihme-Wasser zum Kühlen, zum Heizen, zum Waschen, für Dampf, für Abwasser und für Flöße und Schiffe. Vor allem Kohle wurde auf beiden Seiten der Ihme benötigt. Dementsprechend färbte sich der Himmel dunkel, wenn aus zig Schloten der Rauch in Windrichtung als „Rauch- und Rußplage" nach Hannover zog.[13] Auf der Neustädter Seite entstand 1825 an der Glocksee das erste Gaswerk des Kontinents, ein Betrieb der englischen Imperial Continental Gas Association, in dem in einer Kokerei Gas für die Straßenbeleuchtung erzeugt wurde. Die für den schmutzigen Verbrennungsprozess benötigte Kohle wurde über Schiffe mit bis zu 800 Tonnen Ladekapazität an den Anleger an der Glocksee gebracht. Die gegenüberliegende Mechanische Weberei wurde über eine über die Ihme führende Seilbahn mit Kohle für ihre Dampfmaschinen versorgt.[14] Das Königreich Hannover stand damals in Personalunion mit dem Vereinigten Königreich Großbritannien und konnte aus der Erfahrung Englands mit Flüssen, Kanälen und auch der innovativen Seiten der Industrialisierung einen eigenen Vorteil zur Entwicklung der Stadt ziehen. Als 1826 in den Straßen der Altstadt Hannovers Laternenanzünder 340 Gaslaternen zum Leuchten brachten, war Hannover in der Neuzeit angelangt. 1930 wurde eine Gasleitung ins Ruhrgebiet gelegt, so dass sich die eigene Gaserzeugung erübrigte. An das Gaswerk erinnert die backsteinerne Hülle eines ehemaligen Gasbehälters am Ihme-Ufer **7**.[15]

Heute haben die Nachfolger des Gaswerks, die Stadtwerke Hannover, ihren Stammsitz an der Glocksee. Ihr repräsentatives Gebäude musste auf 160 Pfählen gegründet werden, denn auf dem feinen Auelehm wäre jedes herkömmliche Fundament weggerutscht.

Aber auch eine Reformschule trägt nach ihrem Gründungsort den Namen Glocksee, genauso wie das legendäre autonome Jugendzentrum Glocksee **8**. Beide hatten sich 1972 ihre Freiräume in einem ehemaligen Fuhramtsdepot an der Ihme erkämpft. Später kam das freie Theater an der Glocksee dazu. Ein Blick auf den Spielplan lohnt sich. Die künstlerische Leiterin des Theaters, Lena Kußmann, hat für ein Kunstprojekt über Monate täglich Wasserproben der Ihme entnommen und hat über das Projekt eine besondere Beziehung zu dem Fluss entwickelt: „Ich habe nicht damit gerechnet, wie lebendig die Ihme ist, wie klar und wie belebt. Auch nicht, wie sehr mich die Besuche an diesem Stadt-Gewässer bereichern, beruhigen, erden und mir Frieden geben."

Ich habe nicht damit gerechnet, wie lebendig die Ihme ist, wie klar und wie belebt. Auch nicht, wie sehr mich die Besuche an diesem Stadt-Gewässer bereichern, beruhigen, erden und mir Frieden geben.

Lena Kußmann, Theaterleiterin, 2022

Im Zuge der Landwehr und später der Industrieansiedlung wurde der Ihme-Fluss immer wieder umgestaltet. Wie stark der Eingriff des Menschen in die Flussläufe ist, zeigt sich auch an der Fläche gegenüber des Ihme-Zentrums. Hier musste 2010 gegen den Widerstand der Bevölkerung das gesamte Ihme-Ufer um bis zu vier Meter ausgebaggert werden, um ein Überschwemmungsgebiet zu schaffen. Über hundert Bäume mussten weichen, die Landschaft wurde erheblich verändert. Um bis zu 40 Zentimeter Hochwasser, so die Berechnungen, können damit bei Extremhochwasser abgesenkt werden. Vielleicht genug, um Linden, die Calenberger Neustadt und Ricklingen vor den Fluten zu schützen. Nötig wurde die Maßnahme, da sich das Land Niedersachsen nicht im Stande sah, die kanalisierten Flussläufe von Leine

Gaskraftwerk Glocksee um 1900 mit Kohlebahn-Brücke nach Linden.

Der kleinere Gasometer ist als Backsteingebäude erhalten geblieben.

und Ihme durch Renaturierungsmaßnahmen zwischen Hildesheim, Deister und Hannover ausreichend zu entschleunigen und flussangrenzende landwirtschaftlich genutzte Flächen wieder in Überschwemmungswiesen rückzuführen. Immerhin verschwanden die Altlasten des durch das Gaswerk Glocksee verseuchten Erdreichs bei der brachialen Maßnahme gleich mit.[16]

Abendstimmung an der Ihme.
Illuminiertes Heizkraftwerk und Spuren des Ihme-Bibers.

Der breite Strom
Vielfalt vor den Toren Hannovers

Die zum Hochwasserschutz 2013 durchgeführte mehrere Meter tiefe Abgrabung des Ihme-Ufers ❾, die etwas despektierlich Calenberger Loch genannt wird, freut sich heute großer Beliebtheit als sonniger Treffpunkt mitten in der Stadt. Die Fläche wird ihrer Lebendigkeit wegen häufig dem Stadtteil Linden zugeordnet, befindet sich aber in der Calenberger Neustadt. Die Calenberger Neustadt liegt in einer Insellage zwischen Ihme-Mündung im Norden, Leine im Osten, Ihme im Westen und Schnellem Graben im Süden. Die Neustadt entstand als Stadterweiterung der Altstadt Hannovers im 17. Jahrhundert und wurde nach dem Fürstentum Calenberg benannt, das sich von hier nach Westen erstreckt. Die Ihme ist zentrales Gewässer des Calenberger Landes. Mit der Calenberger Neustadt beginnt westlich Hannovers auch ein anderer Kulturraum, der sich einige Besonderheiten bewahrt hat.

So finden sich in der Calenberger Neustadt viele nicht-protestantische Religionen. Sie mussten sich außerhalb der Altstadt niederlassen, da sie über viele Jahrhunderte kein Wohnrecht im lutherisch geprägten Hannover erhielten.

Auch beginnt westlich der Leine das Calenberger Platt, eine fast ausgestorbene niederdeutsche Mundart im ostfälischen Sprachraum. Deshalb heißt das ehemalige Überschwemmungsgebiet der Ihme – heute Schützenplatz und Sportpark – nicht Aue, sondern Ohe. Und mit etwas Glück findet man auf dem Lindener Markt noch einen Bauern aus dem Calenberger Land, der Klaukschieter, also Klugschei

Der Ihme-Hafen um 1830 mit ankernden Schiffen auf der Ihme.

Der Blick geht flussaufwärts. Das große quer stehende Gebäude hinten rechts war der königliche Bergwaren-speicher, davor die Lederwarenfabrik Söhlmann. Hinter den Schiffen in der Bildmitte befindet sich die Ihme-Brücke am Schwarzen Bären (heute Benno-Ohnesorg-Brücke). Vorne links steht die 1825 errichtete Gasanstalt an der Glocksee. Das Ufer rechts im Bild ist heute mit dem Ihme-Zentrum bebaut.

ßer, vor sich hinmurmelt, wenn ein aus Hannover zugezogener Döllmer, also ein dummer Kerl, Obst und Gemüse regionaler Herkunft nicht kaufen möchte, weil es keinen Bioaufkleber trägt. Denn Hannover, die größte Residenzstadt des Nordens, hat mit seinem prätentiösen Hochdeutsch schon längst den Lindener Markt für sich eingenommen. So heißt Schpinat nicht mehr Spinat und auch sonst stolpert kaum noch jemand über'n spitzen Stein.

Die gebürtigen Lindener nennen sich allerdings in unmissverständlicher Abgrenzung immer noch stolz Butjer, also Leute, die von draußen, von buten kommen, also nicht aus Hannover und auch nicht aus der Calenberger Neustadt, die bereits im 17. Jahrhundert in den Befestigungsring Hannovers einbezogen wurde. Der breite Grenzfluss zwischen Linden und Hannover war und ist die Ihme.[17]

Butjer waren vor allem Zugezogene des immer größer werdenden Dorfes Linden, das am schiffbaren Wasser gelegen beste Voraussetzungen für die Entwicklung zu einem der größten Industriestandorte des 19. Jahrhunderts bot. Nach einem Streit zwischen den Städten Bremen und Hannover wurde 1749 der mittelalterliche Binnenhafen Hannovers, der Stapel, von der Leine an die Ihme nach Linden verlegt.[18] An dem neuen Stapelplatz an der Ihme entstand zudem eine Salpetersiederei und 1753 errichtete das hannoversche Königshaus einen fünfgeschossigen Speicher an der Ihme, die „Königliche Bergwarenhandlung". Heute steht hier

Ballonaufnahme vom Neubau der Ihme-Brücke. *Foto: Wilhelm Riedel, 1912*

das Ihme-Zentrum. Die Bevölkerung Lindens verfünffachte sich im 18. Jahrhundert auf 1.200[19] und die dörflichen Strukturen Lindens verschwanden im Zuge der frühen Industrialisierung des Ihme-Ufers.

Mit dem Wachstum und der Eigenständigkeit wuchs das Selbstbewusstsein in Linden, vor allem gegenüber der Residenzstadt Hannover. Wilhelm Spengemann vom Hannoverschen Anzeiger hat in seinen Jugenderinnerungen festgehalten, wie sich die Lindener Butjer mit den Jungs aus der Calenberger Neustadt auf der Ihme-Brücke um die Deutungshoheit prügelten. „Dat gung mit richtigen Slachtenplänen un mit Knüppeln und Prangeln, dick un dünnen, up enanner los." Waren dann aber Hannoveraner an der preußischen Wache am Calenberger Tor in Sicht, hielten die „Burjungens" aus Linden und die „Niestädter Jungens", wie „Peck und Swebel" wieder zusammen. Denn es galt eine „Dracht Gallerse", die ihnen durch die Torwache oder einen Polizisten mit dem Knüppel drohte, zu vermeiden.[20] Im Grunde genommen kamen die Neustädter ja auch von „buten", waren auch „Butjer", also keine Hannoveraner. Der gemeinsame Grenzfluss zu Hannover war die Leine.

Linden blieb als Dorf, später als eigenständige Stadt und letztlich als eingemeindeter Stadtteil von Hannover immer dieser Melting Pot, aus dem Arbeitskraft, kreative Szene und kulturelle Impulse gleichermaßen hervorgingen. Wer kam,

kam von buten. Nicht nur Männer und Frauen aus Rumänien, Schlesien und dem Eichsfeld, die im Industrieboom nach Linden angeheuert wurden, sondern insbesondere die, die in der Nachkriegszeit aus der Türkei, Spanien, Portugal, Griechenland und anderen Ländern dazukamen. Ihr Beitrag über die Grenzen von Ihme und Leine hinweg ist nicht hoch genug einzuschätzen. Nicht nur als Arbeitskräfte, die der Stadt zur Prosperität verholfen haben, sondern als Menschen, die Linden ein charakteristisches Gesicht geben und damit zum Charme und zur Liebenswürdigkeit des Stadtteils beitragen.

Der Ihme-Hafen
Die Welt zu Gast in Linden

Bereits 1740 steuerte das erste Handelsschiff von Bremen aus den neuen Ihme-Hafen an.[20a] Der Hafen befand sich strategisch günstig nahe der Ihme-Brücke, der heutigen Benno-Ohnesorg-Brücke ⑩, die seinerzeit die einzige Verbindung von Hannover ins Calenberger Land war. Nur an der Glocksee führte über die Ihme eine zusätzliche Behelfsbrücke für den Waren- und Rohstofftransport.[21]

Seit dem Mittelalter wurden Tuch, Fisch, Leder, Häute, Pech, später durch die enge Verbindung mit England auch Kandis, Kaffee, Tee, Tabak, Rohrzucker, Rosinen und Wein über die Leine in die seit 1371 der Hanse angehörende Stadt Hannover getreidelt. Die kleinen Flöße und Schiffe verließen dann Hannover wieder

Löschung von Waren am Ihme-Hafen 1885.

Der Hafen lag in der Verlängerung der heutigen Gartenallee.

über Leine, Aller und Weser Richtung Bremen mit typischen Produkten von den Äckern der Stadt, wie Getreide, Mehl und Malz. Der mittelalterliche hannoversche Hafen, der Stapel, befand sich an einem später zugeschütteten Leine-Mäander zwischen Moritzwinkel und Grotefendstraße. Mit der Anlage des Ihme-Hafens entwickelte sich das Handelsaufkommen. Durch Wehranlagen, Schleusen, bessere Schiffe und verbesserte Zollabkommen konnten deutlich mehr Waren und diese sicherer transportiert werden. Um 1800 kamen rund zwanzig Mastschiffe jährlich in Linden an, die hauptsächlich von und nach Bremen pendelten. Sie waren den weiter verkehrenden kleinen Treidel-Schiffen überlegen.[22] Die „Böcke und Bullen", wie die Schiffe genannt wurden, lagen dicht an

Johann Egestorff – Der „Kalkjohann".
Gemälde: Burchard Giesewell, 1832

dicht nahe der Ihme-Brücke. Die hohen Kaimauern wurden erst in den 1960er Jahren abgerissen, als das Ihme-Zentrum gebaut werden sollte. Die Böcke waren bis zu 40 Meter lang und hatten einen Mast zum Segeln unter Wind. Die Bullen waren mastlose kleinere Schiffe.[23]

Von Linden bis zur Nordsee
Der Kalkjohann und sein Imperium

Auch wenn der Hafen eine königliche Einrichtung war, wurde er schnell vom aufstrebenden Bürgertum als Handelsplatz entdeckt. Der Ihme-Hafen und mit ihm der Aufstieg Lindens zur Industriestadt ist eng verbunden mit Johann Egestorff, genannt der Kalkjohann. Er nutzte die Jahre der Gewerbefreiheit Anfang des 19. Jahrhunderts, rationalisierte den Kalksteinabbau, der seit Jahrhunderten am Lindener Berg betrieben wurde und legte seinen Schwerpunkt auf die Kalkbrennerei zur Versorgung der aufstrebenden Städte und Dörfer mit Baumaterial. Er kaufte Grundstücke am Ihme-Hafen, den er zwischenzeitlich erworben hatte, und ließ eigene Schiffe bauen.

Abendstimmung an
der Ihme-Brücke.

Benno-Ohnesorg-Brücke mit
Capitol-Hochhaus am Schwarzen
Bären.

Zwanzig Flößer und Schiffer brachten wöchentlich bis zu 2.000 Zentner Kalk sowie Mörtel, Farbe, Holz und andere Güter in einem Schiffszug nach Bremen und
versorgten somit den Norden mit Baustoffen.[24] Sie setzten in großem Maßstab
das Flößerhandwerk fort, das einst Holz aus dem Harz über Leine und Ruhme zum
Bergwarenspeicher an das Ihme-Ufer in Linden brachte. Abends im „Gasthaus
zum Bremer Schiff" an der Blumenauer Straße fühlten sich dann auch die Bremer
Schiffsleute fast wie zu Hause.

Die geografische Lage des Ihme-Hafens beförderte den Aufstieg des Kalkjohann.
Denn der Lindener Berg ist mit dem Deister der nördlichste Ausläufer der deutschen Mittelgebirgsschwelle, bevor der karge Geest-, Heide- und Moorboden der
norddeutschen Tiefebene beginnt. In der sandigen Geestlandschaft nördlich
Hannovers war daher das weiße Gold, der Kalk, außerordentlich begehrt. Flan-
kiert wurde der Erfolg von der industriefeindlichen Zunftverfassung des hannö-
verschen Hofes, die die Ansiedlung von Industriebetrieben in der Residenzstadt
untersagte.[25]

Egestorff war ein sehr geschickter Kaufmann, handelte dem Adel, vor allem dem
Freiherrn Wilhelm Knigge im Deister, Rechte und Flächen ab und besaß schließ-

Der letzte Zeuge des
Lindener Industriezeitalters
an der Ihme.

Kesselhaus der Bettfedernfabrik
Werner und Ehlers an der
Ihme-Mündung.

lich 16 Kalkbrennereien, dazu Steinbrüche, Ziegeleien, Holzhandel, eine Zuckerfabrik in Bremen gemeinsam mit seinem Bruder Jasper und eine Zuckersiederei
in Linden. Er nutzte den neuen Verkehrsknotenpunkt an der Ihme-Brücke, um
seine Rohstoffe strategisch einzusetzen. So war die Zuckersiederei an der Blu-
menauerstraße zugleich Lagerstätte für Rohrzucker, mit dem er seine Schiffe auf
der Rückfahrt von Bremen nach Hannover-Linden belud. In Bristol, der späteren
Partnerstadt Hannovers, wurden Anfang des 19. Jahrhunderts aus Plantagen in
Übersee jährlich über 50.000 Tonnen Zucker von Sklaven geerntet, eingeschifft
und über Bremen und andere Häfen nach Deutschland und weitere europäische
Länder weiterverkauft.[26] So profitierte Hannover über die Personalunion mit Großbritannien in vielfacher Hinsicht. Einerseits über Geschäftskontakte und Wis-
senstransfer, andererseits von der Ausbeutung der Kolonien Großbritanniens.
Zucker war ein wertvolles Genussmittel, das im Adel und seit dem 18. Jahrhundert
auch zunehmend in bürgerlichen Haushalten als Statussymbol galt. Mit Ihme-
Wasser und Kalk aus eigener Produktion erzeugte Egestorff das nötige Kalkwas-
ser für die Zuckersiederei.[27]

Der Kalkjohann wusste die Möglichkeiten seiner Zeit zu nutzen und war auch in
seinem Denken und Handeln freier als der Calenberger Adel oder die zunftgeord-

Villa Rosa – Klassizistisches Gartenhaus von Georg Laves.

Im Vordergrund „Die große Begehbare" von Volker Gerlach, der Raum, Licht und Wasser in sein Kunstwerk einbezieht.

nete Stadt Hannover. Er schuf unter diesen Voraussetzungen sozusagen einen Schlüsselkonzern, der maßgeblich von den beginnenden globalisierten Märkten und vor allem natürlich auch von den billigen Arbeitskräften des Calenberger Landes und der billigen Arbeitskraft des auf Sklaverei und Kolonialisierung aufbauenden englischen Empires profitierte.

Für seine Unternehmungen, vor allem für die Kalkbrennerei, setzte er Steinkohle aus dem Deister als Brennstoff ein. Das Brennen des Kalkes, das bereits seit dem 16. Jahrhundert im Deister betrieben wurde,[28] erforderte hohe Temperaturen, die in den Kalkmeilern nur mit Steinkohle zu erzielen waren. Steinkohle über Leine und Ihme zu schiffen, war aufwändig und teuer und die Kohle im Deister lag in erreichbaren oberen Gesteinsschichten. Energie wurde in der beginnenden Industrialisierung zu einem zentralen Wirtschafts- und Machtfaktor.

Ein Nachteil war allerdings die fehlende Schiffbarkeit der Ihme im Oberlauf, so dass der Sohn vom Kalkjohann, Georg Egestorff, mit Knigge eine Konzession für den Bau einer Deisterbahn erwarb, die ab 1872 Hannover mit dem Deister verband. Auf dieser Strecke lässt sich heute mit der S-Bahn immer noch von Hannover aus der Deister erreichen. Der mühsame Transport auf Kohlewagen, die mit Pferden gezogen wurden, entfiel. Bereits zwei Jahre nach Bau der Bahnhöfe Fischerhof und Küchengarten war der Warenumschlag in Linden doppelt so hoch wie in Hannover.[29] Georg Egestorff konnte das Imperium seine Vaters ausbauen, und errichtete 1835 nahe des Ihme-Hafens die „Eisen-Giesserey und Maschinen-fabrik Egestorff", die Dampfmaschinen, Kessel und Lokomotiven herstellte. Aus der Maschinenfabrik ging später die weltbekannte Hannoversche Maschinenbau AG Hanomag hervor.

Beginn einer königlichen Karriere
Der Hofbaumeister Laves an der Ihme

Aber auch andere Kaufleute profitierten von der Bedeutung des Ihme-Hafens. Der Lederfabrikant August Söhlmann errichtete zwischen Ihme-Hafen und Ihme-Brücke eine Lederfabrik, für die Häute und Felle über den Hafen angeliefert wurden und von wo aus die Fertigprodukte, vor allem in der Industrie benötigte Leder- und Treibriemen, den Hafen wieder verließen. Mit gebranntem Kalk wurde das Leder gesäubert, mit einer Lohe aus Eichen- und Fichtenrinde gegerbt: alles Produkte, die zwischen Hannover und Deister vorhanden waren. Dazu war für den Gerb- und Färbeprozess reichlich Wasser erforderlich, das die Ihme kostenlos zur Verfügung stellte. Zum Antrieb der großen Lederwalke wurde seit 1833 eine Dampf-maschine genutzt, die erste industriell genutzte Dampfmaschine im Königreich Hannover. August Söhlmann erweiterte seine Fabrik und erwarb zudem das schmu-cke Wohnhaus des königlichen Hofbaurates Georg Laves an der Ihme-Brücke, neben der er seine Fabrik gebaut hatte.

Laves wusste um die städtebauliche Bedeutung der Ihme-Brücke. Sie wurde 1493 erstmals als Holzbrücke erwähnt.[30] Der an die Ihme-Brücke anschließende zen-trale Platz, an dem seit dem 17. Jahrhundert eine Gaststätte Handelsreisenden Kost und Logis bot, war ein Verkehrs-Knotenpunkt für die westwärtigen Handels-wege nach Minden, Göttingen und Hameln. Aber auch für die Verbindung von Linden nach Hannover waren der Schwarze Bär und die Ihme-Brücke von zentra-ler Bedeutung. Zwischen Schwarzem Bären und dem Hauptbahnhof verkehrte 1852 die erste Pferdeomnibus-Linie Hannovers. Täglich ab acht Uhr fuhr die Bus-kutsche, die elf Sitzplätze und fünf Stehplätze aufwies. Der Fahrpreis betrug ei-nen Groschen. Gepäck nochmal so viel.[30a] Das „Hotel Schwarzer Bär" ⑪ und ein Schwarzer Bär als Steinskulptur erinnern daran, dass hier einst der Platz nach der bei Reisenden beliebten Herberge benannt wurde.

Laves sollte Hannover städtebaulich den Glanz einer Residenzstadt verleihen. Das Kurfürstentum Hannover war mit dem Wiener Kongress 1814 Königreich ge-worden und wieder in den Rang einer Residenz gehoben. Der noch junge Laves

Unten am Fluss – I call it Water.

Wasserproben aus der Ihme. Experiment von Lena Kußmann.

hatte die Villa am Schwarzen Bären nach eigenen Plänen 1821 im klassizistischen Stil errichtet. Linden war auf dem Weg, Villenvorort von Hannover zu werden.[31] Ein paar Jahre wohnte Laves selbst in seinem Domizil und genoss den Blick auf Hannover, zog es aber bereits 1924 vor, nach Hannover umzusiedeln. Die Stadterweiterung Hannovers nach Westen hatte er sich offensichtlich anders vorgestellt, ohne Lärm und Schmutz der Industrialisierung. Hannover endete ab sofort auf der anderen Ihme-Seite, wo Laves den Waterlooplatz ⓬ und das umliegende Militärviertel entwarf.

Von Laves übriggeblieben an dieser Stelle ist die nicht nur farblich auffallende Villa Rosa ⓭ auf der Neustädter Seite der Ihme. Sie befindet sich am Beginn der Calenberger Straße, an der einst mehrere repräsentative Gartenhäuser standen, die Anfang des 19. Jahrhunderts dem Wunsch Ausdruck verliehen, der beengten Altstadt Hannovers zu entkommen.

Der frühe Wohnsitz von Laves an der Ihme-Brücke hingegen industrialisierte sich in hoher Geschwindigkeit. Linden wurde industrielles Zentrum, die Residenz wurde östlich der Ihme in Hannover entwickelt.[32] 1912 musste die Laves-Villa dem Neubau der durch Hochwasser an den Steinfundamenten beschädigten Ihme-Brücke weichen.[33] Anstelle des Wohnhauses entstand 1930 das markante Capitolhochhaus ⓮, das im Stil des Backstein-Expressionismus von Friedrich Hartjenstein errichtet wurde und dem Höhenanspruch Lindens einen Maßstab gab. Der große Saal wurde als Lichtspieltheater konzipiert und wird heute als Konzertsaal genutzt. Von Joan Baez bis Robbie Williams sind hier bedeutende Stars aufgetreten.

Ihme-Wasser
Der frühe Vorteil für Hannover

Mit dem Bau der neuen Brücke, dem Capitolhochhaus und dem Bau von bis zu sechsgeschossigen Mehrfamilienhäusern wandelte sich das Gesicht

Lindens. Ein neues Zentrum entstand um den Industriekern Lindens herum in den dicht besiedelten Wohnquartieren südlich und nördlich der Ihme-Brücke und am Fuße des Lindener Berges. Der Hafen wurde rückgebaut, hatte Hannover doch einen eigenen Stapelhafen nördlich des Zusammenflusses von Ihme und Leine errichtet. Und auch der nördlich gelegene Lindener Hafen nahm ab 1915 Konturen an. Von ihm aus konnte sowohl die Leine über den Lindener Stichkanal wie auch das Wasserstraßennetz des neu angelegten Mittellandkanals per Schiff erreicht werden.

Ihmewasser.

Original Wasser vom Ihme-Ursprung und von der Ihme-Mündung. Werbung für das Buchprojekt.

Zug um Zug verschwanden im 19. Jahrhundert die Fabrikgebäude von der Wasserseite. Zerstörungen im zweiten Weltkrieg und der weitgehende Wandel Hannovers von der Industriestadt zur Dienstleistungsmetropole beendeten das Industriekapitel im Westen der Stadt weitgehend.

Der große Warenspeicher war bereits abgerissen, es folgten vom Hafen ihmeabwärts gesehen am Ihme-Ufer die Lederfabrik Söhlmann, später Smyrna-Teppichfabrik Spoerer und Friedrichs, die Selterswasserfabrik Hurtzig und Feldmann, die Hannoversche Brodfabrik, später Harry-Habag, die Dampfbrennerei und Hefefabrik der hannoverschen Wirthe, die Sammetschneiderei und die Mechanische Weberei auf dem Gelände des heutigen Ihme-Zentrums, die Hannoversche Baumwollspinnerei und Weberei auf dem Gelände des heutigen Heizkraftwerkes, die Asphaltfabrik Mehring, später United Limmer und Vorwohle Rock Asphalte Company, die Lumpenfabrik, die beiden Stärkefabriken Paulmann und Kuhlmann, später Ultramarinfabrik August Egestorff, die Hannoversche Caoutchouc-, Guttapercha- und Telegraphen-Werke (später Menier und Reithofer beziehungsweise Vereinigte Gummiwaarenfabriken Harburg-Wien) sowie die Hannoversche Gummiwarenfabrik (zuerst Leonhard Lennartz, dann Otto Köhsel, dann Mittelland Gummiwerke) beidseitig der Stärkestraße, wo zuvor die Wollwarenfabrik lag, die chemischtechnische und pharmazeutische Fabrik Königswarter und Ebell an der Nedderfeldstraße, die Bettfedern- und Daunenfabrik Werner & Ehlers und die bereits an der Leine gelegene Brackebusch'sche Tapetenfabrik Leinau.[34] Die Gebäu-

Blick über die Ihmeniederung nach Hannover.

Erste detaliierte Ansicht Hannovers im Auftrag des Fürsten von Calenberg, Herzog Georg.

Holzschnitt: Elias Holwein, 1636

de der Bettfedernfabrik mit ihrem historischen Kesselhaus an der Ihme-Mündung sind die einzigen noch erhaltenen Fabrikgebäude am Lindener Ihme-Ufer.

Der Kern des industriellen Aufstiegs Hannovers lag an der Ihme. Ohne die Ihme, die vom Schnellen Graben über Aller und Weser bis zur Nordsee schiffbar war, hätte sich Hannover nicht zu einer Industriestadt dieses Ausmaßes entwickeln können. Infrastrukturvorteile waren und sind Wettbewerbsvorteile. Mit den Kanälen, Eisenbahnverbindungen, Flughafen und Autobahnen verleiht dieser frühe Vorteil bis heute der Stadt Hannover eine Lagegunst.

Auch auf unserer nun weiter an der Ihme entlangführenden Fahrradtour werden wir merken, wo welche Verkehrsmittel sich ihre Räume geschaffen haben. Das Wasser der Ihme spielt dabei inzwischen eine untergeordnete Rolle, wird aber immer noch hoheitlich in der Kategorie Restwasserstraßen vom Wasserstraßen-

und Schifffahrtsamt bewirtschaftet. Frachtschiffe wie einst nach Bremen, fahren hier schon lange nicht mehr. Restwasserstraßen sollen perspektivisch an Dritte vergeben werden, da diese Wasserwege keine wesentlichen Nutzungsmöglichkeiten mehr für den Schiffsverkehr darstellen.[35] Dieser Schritt wäre gut, um die Ihme in den städtischen Planungshorizont einbinden zu können. Schon bei Anglerstegen und anderen kleinen Änderungen, hat die Kommune bislang keine Handlungshoheit.

Eine Gerichtsstätte an der Ihme
Die Geburtsstunde Lindens

Wir fahren unter der Benno-Ohnesorg-Brücke hindurch und am östlichen Ihme-Ufer auf einem schönen Radweg in die ehemalige Altstädter Ohe.

Eine der mächtigen alten Pappeln an der Legionsbrücke.

Ein Holzschnitt von Elias Holwein aus dem Jahr 1636 zeigt die Szenerie von Linden aus gesehen mit Blick nach Hannover. Im Vordergrund ist leicht angeschnitten die Ihme zu erkennen, alle weiteren Flussläufe auf dem Bild sind Teil des Leine-Ihme-Flusssystems, wie es sich im 17. Jahrhundert zwischen Linden und Hannover darstellte.

Der Holzschnitt ist eine der ersten Abbildungen der Ihme-Auen. Links und rechts rahmen zwei Stilelemente das Bild ein, die auf die früheste Zeit der Besiedlung an den Ihme-Ufern hinweisen. Links der Brüningstein, von dem später die Rede sein wird, und rechts die Ihme-Mühle. Ihr genauer Standort lässt sich nicht mehr rekonstruieren.

Die „Molendium Ymene", die Ihme-Mühle, wurde 1358 von Johann Snellegrave und Jordani Reynoldi an das Hospital zum Heiligen Geiste, dem Sankt Spiritus verkauft. In der Niederschrift heißt es: „Molendinum nostrum situm super fluvium dictum Ymene ante Novam Civitatem Honovere",[36] „Unsere Mühle wurde am Fluss Ymene vor der Neustadt von Honovere gebaut."

Einige Quellen vermuten die Mühle in der Danzelmasch, in der heutigen Calenberger Neustadt,[37] andere hingegen sehen Johann Snellegrave als Namensgeber des Schnellen Grabens,[38] und verorten die Ihme-Mühle weiter südlich. Auch gab es über die Jahrhunderte immer wieder Mühlenneubauten, die durch Hochwasserereignisse, Flussregulierungen, Stadterweiterung oder auch technische Erneuerungen erforderlich wurden.[39]

Elias Holwein wird bei der Anfertigung seines Holzschnittes eine Mühle an der Ihme vor Augen gehabt haben. „An der Ihme lag eine Mühle, die Ihmen-Mühle genannt."[40]

Weiter sehen wir auf dem Holzschnitt links den bereits 1616 abgerissenen „Roten Thurm", der in einem anderen Schnitt von Holwein allerdings auf der anderen Flussseite liegt. Karl Leonhardt, der sich sehr genau mit den Flussläufen und ihren

Veränderungen über die Jahrhunderte auseinandergesetzt hat, nennt den Flusslauf am Roten Turm für das 14. Jahrhundert den „alten Ihmelauf", einen weiteren
Arm auf Höhe der heutigen Bäckerstraße auch „Zufluss aus der Ihme."[41] Wahrscheinlich wird die Ihme erst mit dem Bau der Ihme-Brücke ihr westlicher gele-
genes Flussbett gefunden haben.

Der Rote Turm hat sich auf der Höhe der heutigen Humboldtstraße befunden und
war Eingang zur Calenberger Neustadt. Über einen wassergeschützten Damm-
weg, der heutigen Calenberger Straße ⓰, damals auch Steinweg oder Damme
genannt, führte die wichtige Verbindung von Linden nach Hannover an das Leint-
hor.

Die westlich der Leine gelegene Calenberger Neustadt war seinerzeit Wohnstätte
von Juden, Hugenotten, Reformierten und Katholiken, die per Religionsedikt im
lutherisch geprägten östlich der Leine gelegenen Hannover kein Wohnrecht erhielten.[42]

An der Ihme entstand an der Ohestraße 1887 ein jüdisches Bildungszentrum mit
Kindergarten und öffentlicher Küche. 1941 wurden die Gebäude beschlagnahmt
und von der Gestapo als sogenannte „Judenhäuser" als Sammellager miss-
braucht, von wo aus die Deportationen in die Konzentrationslager durchgeführt
wurden. Heute erinnert dort ein Mahnmal an das jüdische Leben an der Ihme.[42a]

An der Calenberger Straße siedelten Hugenotten und Reformierte. Südlich des
Dammes befand sich an einer Wassermühle eine „Deutsch-Reformierte Prediger-
wohnung."[43] Bei der Mühle wird es sich um die Danzelmühle gehandelt haben,
die in der Danzelmasch stand, später de olde Brand genannt. Heute verläuft an
dieser Stelle die Brandstraße in der Calenberger Neustadt, wo sich einst die
feuchte Masch bis weit über den heutigen Waterlooplatz zog. Die dritte sichtbare
Wassermühle auf dem Holzschnitt könnte die Hamelmühle gewesen sein, die
nordwestlich vom Damme am sogenannten Judenteich gelegen haben soll.[44]

Die Wassermühlen an der Ihme, deren erste Nachweise bis in das 13. Jahrhundert
zurückreichen,[45] und die uns auf unserer Ihmefahrt noch weiter begleiten werden,
sind ein frühes Zeugnis der Besiedlung des fruchtbaren Landes an Ihme und Leine. Wer zuerst und an welcher Stelle an der Ihme sesshaft geworden ist, lässt sich
nicht mehr rekonstruieren. Der Brüningstein, der links auf dem Holzschnitt zu
sehen ist und heute im Von-Alten-Garten in Linden seinen Platz gefunden hat,
führt uns allerdings auf eine Spur, die sehr weit zurückreicht. Dem Stein mit sei-

nem markanten Kreuz wird zugeschrieben, einst als Sühnestein eine Gerichtsstätte markiert zu haben.[46] Aber auch sein Standort ist wie der der Ihme-Mühle letztlich nicht verbrieft.

Auf dem Holzschnitt steht er auf dem Linden gegenüberliegenden Ufer der Ihme und soll nach dem Neubau der Ihme-Brücke 1696 in den Von-Alten-Garten am Lindener Berg versetzt worden sein.[47] Sein Ursprungsort bleibt also im Ungewissen. Vielleicht stand der Stein auch am Lindener Ihme-Ufer dort, wo das Ufer Richtung Lindener Berg ansteigt und eine Gerichtsstätte unter Linden vermutet wird.

Anfang des 12. Jahrhunderts soll hier an einer Malstatt oder Dingstätte der Graf Hildebold von Roden Gericht gehalten haben.[48] Wie wir später auf unserer Fahrt entlang der Ihme sehen werden, befand sich auch in Ricklingen eine Gerichtsstätte, ein Go-Gericht, auf einer Anhöhe zwischen Handelswegen und Wassermühle. Ähnlich könnte es in Linden gewesen sein, wo mit Handelswegen, einer trockenen Uferhöhe und mit der Ihme-Mühle die Voraussetzung eines Gemeinwesens gegeben war, aus der heraus eine Gerichtsbarkeit und Siedlung entstehen konnte.

Und auch die heutige Calenberger Straße, die als Damm durch die Flussarme von Ihme und Leine durch die Masch nach Hannover führte, wird wahrscheinlich schon vor der Entstehung Lindens und Hannovers als wegbare West-Ost-Verbindung genutzt worden sein. Immerhin ist das Leine-Tal hier mit rund fünfhundert Metern Breite zwischen den Erhebungen Lindener Berg und dem Geestrücken des Hohen Ufers für das durchfließende Wasser das schmalste Nadelöhr des Leine-Ihme-Tals.[49] Die alten Handelswege westlich der Leine, die Hellwege aus Minden, Hameln und Göttingen, führen alle auf diesen Knotenpunkt an der Ihme zu. Die Siedlungsgeschichte Lindens und Hannovers ist eng miteinander verknüpft, sowohl Linden als auch Hannover werden als Siedlungen im 12. Jahrhundert erstmals erwähnt.

Die Geschichte könnte in Kurzform lauten: Die Engstelle nahe des Zusammenflusses von Ihme und Leine führte zu einer verlässlichen Querungsmöglichkeit. Der Lindener Berg auf westlicher Seite und das hohe Ufer auf Hannoveraner Seite boten Schutz vor Hochwasser und ließen Bebauung zu. Unter diesen Voraussetzungen konnte die Engstelle auch gut kontrolliert werden. Die erhöhten Ufer waren zudem für Ufermärkte geeignet, an denen Boote festmachen konnten, die auch im Fährbetrieb Menschen, Vieh und Waren übersetzten. Vor allem die west-östlichen Handelswege zwischen Minden und Lüneburg konnten mit den süd-

Gaststätte Lindenhof an der Ihme-Brücke, um 1910.

nördlichen Handelswegen zwischen Hildesheim und Bremen verbunden werden. Mit dem Handel entstanden Verpflegungsstationen, Herbergen und schließlich Siedlungen auf Lindener und Hannoveraner Seite mit Häusern, Handwerk, Mühlen, Kirchen usw.. Es wurden Stapelplätze eingerichtet, um vom Karren auf Schiffe umladen zu können und umgekehrt. Linden und Hannover bildeten sich als Städte heraus.[50]

Unter Linden in Linden
Lindenbäume

D er Überlieferung nach lag die Gerichtsstätte Lindens unter Linden-Bäumen, die dem Ort seinen Namen gegeben haben sollen. Linden galten als heilige Bäume mit magischer Wirkung und wurden als ortsprägende Bäume an besondere Orte gepflanzt.[51] Gerichtslinden gab es in vielen Ortschaften, ihnen wurden Unheil abwehrende Kräfte zugeschrieben, so dass sie als Gerichtsort geeignet waren. Das Urteil wurde in der Regel auch gleich an den Prangerlinden vollstreckt.

Tanzlinden waren Orte der Gemeinschaft im Zentrum der Dörfer. Der Duft der Lindenblüten galt als Sommerbote, der Tee der Blüten als reizlindernd und schweißtreibend bei Erkältungen. Nach Krankheiten, Konflikten oder Kriegen wurden Friedenslinden gepflanzt. Den Blättern der Linde wird heilende Wirkung zugeschrieben, sie werden als Salat gegessen oder als Tee aufgebrüht.[52] Die Bedeutung der Linde ist über die Zeit stark zurückgegangen. Wegen ihrer klebrigen Früchte wurden lieber Kastanien oder Platanen als schattenspendende Bäume auf Plätze gepflanzt. Inzwischen hat sich auch das gewandelt, anhaltende Trockenheit fördert den Pilzbefall und klimaresistentere Baumarten nehmen zunehmend den Platz der Kastanien ein. Dazu könnten auch Linden gehören, die klimaresistenter als andere Bäume gelten.

In den Erzählungen über Linden haben die Linden ihren festen Platz, wie Bernhard Engelke in seiner Lindener Dorfchronik vor über hundert Jahren schrieb: „Das Dorf lag im Westen der Residenz, am Abhang eines eine herrliche Aussicht bietenden Hügels und an einem von schönen Ufern umgebenden, breit und wasserreich dahinströmenden Fluss. Große herrschaftliche Parks breiteten sich auf beiden Seiten der mit schattigen Linden bepflanzten alten Dorfstraße aus."[52a]

Lindenbäume am Ihme-Ufer.
Blick zum alten Lindener Rathaus am Schwarzen Bären.

Unabhängig davon finden sich noch Linden in Linden, so auch vier sehr schöne Exemplare zwischen Ihme und altem Lindener Rathaus am Schwarzen Bären. Dort befand sich einst ein „wildromantischer Bürgerpark", der dann mit der prachtvollen Gaststätte Lindenhof bebaut wurde, die sich weststädtisches und Lindener Gesellschaftshaus nannte.[52b] Heute kann man an gleicher Stelle gut im Tandure einkehren. Nehmen wir also einfach an, die vier verbliebenen Linden an der Ihme seien die Nachfolger der alten Gerichtslinden.

Aber auch andere Bäume beeindrucken am Ihme-Ufer. So stehen nahe der Legionsbrücke ⑯ sieben JahPappeln mit jeweils über sieben Metern Stammumfang, Zeugen der Jahrhunderte.

Bevor wir den Blick von Holweins Holzschnitt wieder auf unsere Weiterreise lenken, betrachten wir noch die Menschen zu Fuß und zu Pferde im Vordergrund des Bildes. Sie laufen in etwa am Brückenbeginn der Ihme-Brücke entlang, der heutigen Benno-Ohnesorg-Brücke genau dort, wo unser Weg jetzt weiterführt. Auf dem Weg im Vordergrund des Bildes, auf dem der Wanderer entgegenkommt, befinden wir uns gerade auf unserer Radtour.

Schützenausmarsch.

Mit Calenberger Blasorchester aus Gehrden.

Spiel, Spaß, Spannung

Schützenplatz und Stadion

Linker Hand vor uns liegt der Schützenplatz ⑱, der große Festplatz Hannovers, angelegt auf einem alten Exerzierplatz. Der Schützenplatz wurde mit der Ver-einigung von Altstadt und Calenberger

Neustadt im Zuge der Stadterneuerung 1827 vom Viehmarkt, dem heutigen Kla-gesmarkt, vor die Tore der Stadt in die Ohewiesen zwischen Ihme und Leine ge-legt. Volksfeste, Zirkusse, Freistilringen und anderer Rummel findet hier statt und es tönt und leuchtet dann ordentlich über die Ihme.

Eine besondere Attraktion des Schützenfestes war das Pfahlklettern, bei dem junge Männer einen eingeseiften Pfahl erklimmen mussten, um oben einen Hut zu erangeln oder Tauben aus einem Käfig in die Freiheit zu lassen. Der Sieger er-hielt dann vier Gulden aus der Hand des Prinzen von Wales. Zumindest im Jahr 1728.[53] Auch wenn Prinz Friedrich Ludwig von Hannover, Sohn des englischen Kö-nigs Georg II., nie Thronfolger wurde, war das Schützenfest in bester Gesellschaft.

Das Pfahlklettern war auch so beliebt, weil es „an die Gewandtheit der Boots-knechte erinnerte, als die Schifffahrt zwischen Hannover und Bremen bestand."[54] Die Matrosen auf den langen Masten der Boote im Ihme-Hafen waren wahrschein-lich Vorbild für die Pfahlkletterei, die wegen zu vieler Unfälle im 19. Jahrhun-dert eingestellt wurde. Aber auch die

Blick über die Ihme auf Schützenplatz und Stadion. Rechts das Krankenhaus Siloah.

Use Schüttenfest.

Wie schön ist't doch in user leiben Vaderstadt,
Hannöversch' Kinners, wi könnt Ji Jug freuen,
Wo man in Hüll' un Füll' stets grot Vergnögen hat.
Un wo so'n recht vergnögten Sinn hendör deit weihen.
Dat hef ick düsse Dag' ok wedder funnen,
Wo Old un Jung sick tummelt buten 'rum,
Ick hef uns' Vaderstadt mal wedder leiw gewunnen
Bie't Schüttenfest, wo kein Minsch nimmt wat krumm.
Vergnögt, ut Rand un Band is ganz Hannover,
Denn't Schüttenfest is ja ör Volksfest ok.

Unser Schützenfest

Wie schön ist es doch in unserer lieben Vaterstadt, Kinder Hannovers, wie können wir uns freuen, Wenn wir in Hülle und Fülle stets großes Vergnügen haben. Und wenn eine vergnügte Stimmung durch alles weht. Darauf habe ich mich heute wieder mal besonnen, Wenn sich Alt und Jung draußen herumtummeln, Da habe ich unsere Vaterstadt mal wieder lieb gewonnen, Beim Schützenfest, da nimmt kein Mensch etwas krumm. Vergnügt und außer Rand und Band ist ganz Hannover, Denn das Schützenfest ist unser Volksfest.

Wilhelm Spengemann, Schriftsteller, 1885

vielen kleinen Buden boten genug Vergnügungen an. Glückstopfziehen, Kugelschieben und die beliebte Pielekentafel, eine Vorgängerin des Billardspiels.

Die Budenreihe auf dem Schützenplatz wurde auch „Englisches Loch" genannt. Der Name geht auf einen durch Leine-Hochwasser entstandenen Dammbruch zurück, über den sich das Wasser der Leine einen Weg über einen alten Leine-Arm durch die Ohe zur Ihme bahnte.[55] Eine englische Kutsche soll dort wohl nahe des Schützenhauses ins brackige Wasser gerutscht sein.[56]

Vor dem Bau des Maschsees lag der Schützenplatz etwas weiter südlich als heute. Mit der Anlage des Maschsees den 1930er Jahren sollte die „Schaffung eines großen Aufmarsch- und Ausstellungsgeländes in der Ohe" ermöglicht werden, heißt es in einem Begleitheft zur Maschsee-Eröffnung 1936. Dafür musste der Schützenplatz weichen und vor allem die Ihme aus ihrem ursprünglichen Flussbett verlegt werden. Die „Arbeiten hatten das Ziel, die beiden großen Windungen der Ihme zu beseitigen und die Ihme in Deiche zu fassen," um so neben dem heutigen Sportpark ⑲ auch noch weiterem Baugrund der Masch abzutrotzen.[56a] Insgesamt wurden 210.000 Kubikmeter Boden bewegt und der Flusslauf der Ihme um 600 Meter verkürzt. Die Ihme wurde dem Großprojekt Maschsee untergeordnet und sollte damit für lange Zeit weitgehend aus dem Bewusstsein Hannovers verschwinden.

Nach einem Erlass Adolf Hitlers wäre im Zuge der Maschsee-Erweiterung sogar ein großes Aufmarschgelände mit Tribüne an der Ihme entstanden. Gewaltige Truppenparaden sollten hier die Stärke der Nation ausdrücken. „Die Nationalsozialisten wollten Städte wie Hannover mit überdimensionalen Prachtbauten umwandeln. Größe, Masse und Material – so die perfide Ansicht – drückten höhere Kultur und damit die Überlegenheit der arischen Rasse aus. Der einzelne deutsche ‚Volksgenosse' sollte sich klein und unbedeutend fühlen."[57]

Gebaut wurde davon außer einem Fundament für den Aufmarschplatz nichts. Das Fundament bot im Zweiten Weltkrieg einem Gefechtsstand des Gauleiters Lauerbacher Platz, der hier seine Flugabwehr positionierte. Die Engländer, die von Westen her über die Ihme-Brücke am Schwarzen Bären Hannover einnahmen, sprengten den Gefechtsstand. Gauleiter Lauerbacher konnte sich der Verhaftung entziehen, half belasteten Nazis bei der Flucht aus Deutschland und wurde später Mitarbeiter des Bundesnachrichtendienstes.

Nach der Bombardierung Hannovers wurden neben dem Schützenplatz mit kleinen Lorenbahnen 2,5 Millionen Kubikmeter Trümmerschutt aus den zerstörten

Ihme-Kanalisierung 1936.

Die Ihme bekommt ihr neues Bett

Stadtteilen Hannovers angekarrt. Auf dem riesigen Trümmerberg entstand 1953 zwischen Maschsee und Ihme das Niedersachsenstadion ⑳, Spielstätte von Hannover 96 und Austragungsort von Weltmeisterschaftsspielen 1974 und 2006. Als Open-Air-Bühne war das Stadion Spielstätte der Rolling Stones, Queen, Madonna, Michael Jackson, Bon Jovi, Status Quo, Phil Collins, Bruce Springsteen und vieler anderer Bands auf ihren Welttourneen. Das Stadion ist eingebettet in den Sportpark Hannover, der sich mit Schwimmbad, Stadionsporthalle, Open-Air-Bühne Trainingsplätzen, Mehrkampfanlage für Leichtathletik und Olympiastützpunkt zum wichtigsten niedersächsischen Sport- und Veranstaltungszentrum entwickelt hat. Die Stadionsporthalle hat über 5.000 Plätze und wird für Handball- und Basketballspiele, Konzerte und andere Großveranstaltungen genutzt. Die ebenso 5.000 Menschen fassende offene Parkbühne bietet Sommerkino und Live-Events und kann mit dem benachbarten Sportpark auf bis zu 12.000 Plätze erweitert werden.

Schröder'sche Flussbadeanstalt an der Ihme.
Gemälde: Gustav Macke 1936

Badevergnügen in der Ihme
Ein Fluss schlängelt sich durch die Auen

Schröder's Fluss-Bade-Anstalt.

Auf der östlichen Ihme-Seite die rot-weiße Fahne Hannovers, auf der westlichen Seite die blau-weiße Fahne Lindens.

Das mit Stegen eingegrenzte Flussschwimmbecken bot ausreichend Sicherheit für die Badegäste. *Ansichtskarte um 1903*

Wo nach dem Bau des Maschsees heute Schützenplatz und Stadion ihren Ort gefunden haben, floss bis vor hundert Jahren in einem großen Bogen die Ihme in ihrem angestammten Verlauf.

Auf den Überschwemmungswiesen der Altstädter Ohe wurde bei Ottos Bleiche Wäsche in der Sonne ausgelegt, um zu trocknen und in der Sonne wieder weiß zu werden. Auch zog es vor allem die jungen Leute von der Hannoveraner und von der Lindener Seite gleichermaßen zu Sport und Spiel an die Flusswiesen. Fernreisen waren noch nicht üblich, die Erholung fand vor Ort statt. Allein in Linden lebten 1920 rund 80.000 Menschen in engen Verhältnissen, so dass der Ausflug an die Ihme vielfach Vergnügen versprach.

Flussbadeanstalten und Liegewiesen säumten hier seit dem 19. Jahrhundert die Ihme auf beiden Seiten. Schrader und Schröder waren die Namen der Badeanstalten, die überall bekannt waren. Auf der hannoverschen Seite lag an der Ohestraße **21** am Waterlooplatz ein Uferstreifen mit kleinen hölzernen Umkleidekabinen zwischen einem alten Leine-Arm und der Ihme. Der Uferstreifen wurde „Paradies" genannt und war ein sogenanntes Luftbad, also eine Liegewiese. An das Paradies schlossen sich an ein Männerluftbad und die „von stattlichen alten Bäumen beschattete Schradersche Badeanstalt mit ihrer schönen Lauf- und Liegewiese am anderen Ufer."[58] Daneben lag noch ein Männerbad mit Sprungturm, hier am Ihme-Bogen war das Wasser am tiefsten.

Mit einer kleinen Holzbrücke waren die Badestellen mit der Lindener Seite verbunden. Dort lag das Familienbad Faba an der seicht zum Wasser abfallenden Lindener Ohe. Unterhalb des von Laves errichteten Schützenhauses und von der Ohestraße aus zugänglich, befand sich dann am östlichen Ausläufer des Ihme-Bogens die städtische Badeanstalt, eine breite Wiese, die im Volksmund „Flohplatz" oder auch „Flöhchen" genannt wurde.[59]

Neben dem Flohplatz war ein Übungsbecken eingerichtet für Jungen und Mädchen, die getrennt voneinander Schwimmunterricht erhielten.[60] Durch Holzwände vor Blicken geschützt, entstand 1909 ein Stück weiter ein Frauenluftbad, das von Therese Schrader geführt wurde. Ein Frauenbad war im wilhelminischen Hannover nicht

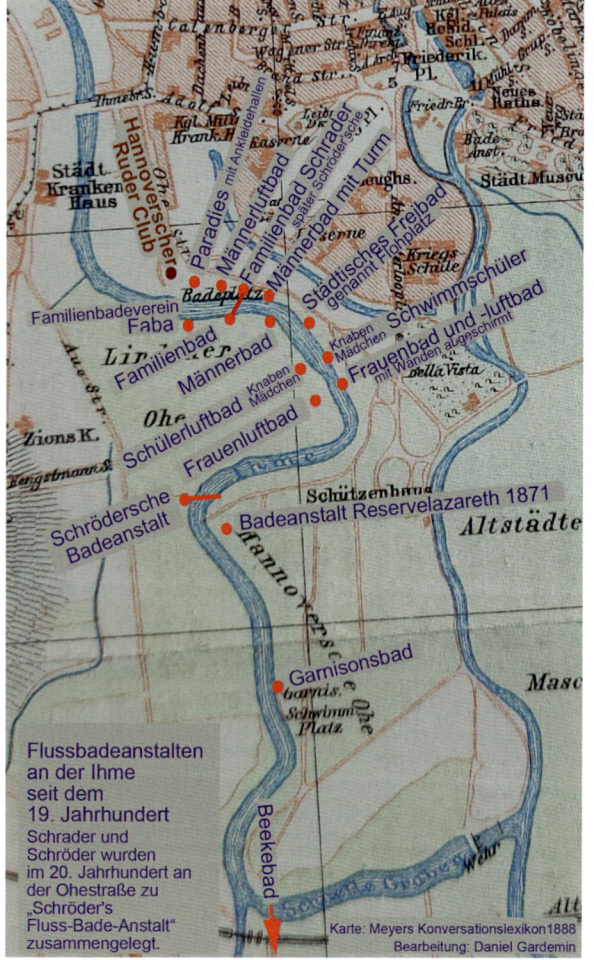

Übersicht 1:

Historische Flussbade-anstalten an der Ihme.

*W*at dat grötste Vergnögen for
de damalige Hannoversche
Schauljugend was? Ob Arm ob Riek,
de Flohplatz an der Ihme. O Kinners,
was dat en Vergnögen.

*Wilhelm Spengemann, Schriftsteller,
1905*

selbstverständlich, musste doch selbst in der städtischen Badeanstalt durchgesetzt werden, dass Frauen dort zumindest wochentags zwischen 9 bis 11 Uhr schwimmen durften.[61]

Gegenüber des Übungsbeckens befanden sich auf Lindener Seite auf der großen Wiese des Ihme-Bogens noch Luftbäder, wiederum getrennt für Männer, Knaben, Mädchen und Frauen.

Ohne die Familie Schrader, die generationenübergreifend für die Badestellen sorgte, wäre das Badevergnügen an der Ihme nicht möglich gewesen. Ein Denkmal an den aufmerksamen Bademeister Diederich Heinrich Schrader steht immer noch nahe des Eingangs des heutigen Schützenplatzes **17**, wo einst die Badeanstalt an der Ihme lag, weit weg vom heutigen Ihme-Verlauf. Die Inschrift auf dem Obelisken lautet: „Mit diesem Denkmal ehrt das Volk die Berufstreue eines seiner Mitbürger. 560 Menschen verdanken ihm ihre Rettung aus Todesgefahr." Von der Einrichtung der Badestelle 1819 bis zu seinem Tod 1847 war der Bademeister Schrader eine Institution an der Ihme. Die Badestelle wurde unter seiner Regie immer weiter ausgebaut mit Warnschildern, einem Rettungskahn und Begrenzungspfählen, um Konflikte mit den Ruderern zu vermeiden.[62] Schraders Neffe Alfred, der Ehemann von Therese Schrader, führte die Aufsicht des vormalig von

Idee einer Renaturierung der Ihme in Kombination
mit naturnahen Badestellen.
Entwurf: Maxim Altenburger, 2021

der königlichen Provinzialregierung organisierten Bades als städtisches Bad bis 1901 weiter. Und auch eine 1842 an der Leine zwischen der Brückmühle und dem Neuen Thor (Holztor) eröffnete Badeanstalt wurde von der Familie Schrader geführt, zuerst von G. Schrader, dann bis 1909 von seiner Tochter Julie.[63]

Die Badeanstalten am östlichen Ihme-Bogen wurden im 19. Jahrhundert als Schröder'sche Badeanstalten weitergeführt. Schröder führte bereits stromaufwärts auf der Lindener Seite an der verlängerten Auestraße eine Badeanstalt, ebenfalls mit einem Holzsteg mit dem anderen Flussufer verbunden 🔴.

Die Ohe mit ihren Badeplätzen war als Ausflugsziel sehr beliebt. Hier entstanden am Bellavista und am alten Schützenhaus zwei Trinkhallen, in denen seit 1830 „Limonade gazeuse" eingeschenkt wurde. Das Getränk der Mineralwasseranstalt Plener enthielt Seesalz, kristallisierte Mutterlauge und andere Geschmacksstoffe. Plener füllte sein Wasser ein paar Meter weiter in der Friedrichstraße, heute Friedrichswall, ab. Mineralwasser war im 19. Jahrhundert eines der ersten kommerziellen Getränke, es hieß, man „huldigte einer wahren Mineralwassersucht."[64] Später entstand Konkurrenz mit der Mineralwasseranstalt „Hannovera", die unter anderem bei Hurtzig und Feldmann am Lindener Ihme-Ufer nach Struve'schem Rezept abfüllte.[65] Von weiteren Quellen wird noch die Rede sein.

In den 1920er Jahren waren dann die nach und nach zu einer Einrichtung zusammengefassten Badestellen an der Ihme als „Flussbadeanstalten Schröder" zu einer bekannten Institution geworden. Hier waren bekannte Gesichter wie der Boxer Rukeli Trollmann zu sehen, der hier an der Ihme mit seinem Bruder Lolo und Freunden vom BC Sparta Linden, dem bekanntesten Arbeiter-Sportverein Hannovers, seine Freizeit verbrachte.[65a] Trollmann, 1933 Deutscher Meister im Halbschwergewicht, wurde als Sinto von den Nazis verfemt und 1943 im Konzentrationslager Neuengamme umgebracht.

1934 wurden in den Flussbadeanstalten Schröder 240.000 Badegäste gezählt.[66] Eine Idee, an die Zeiten des Ihme-Badens anzuknüpfen, hat Maxim Altenburger 2021 mit seiner Masterarbeit zum Flussbaden aufgezeigt (siehe Entwurf auf Seite 45).

Einen schönen Einblick in das Vergnügen einstmalige Vergnügen gibt uns Wilhelm Spengemann, der als Schüler in der warmen Jahreszeit am liebsten jeden Tag in der Ihme badete. Vor allem der Ihme-Bogen, die „Tiefe Ecke" an der städtischen Badeanstalt, war sein Lieblingsort. „Und wetet Ji, wat dat grötste Vergnögen for de damalige Hannoversche Schauljugend was? Ob Arm ob Riek, de Flohplatz an der Ihme. O Kinners, was dat en Vergnögen, wenn wi üsch an der ‚deipen Ecke' up'n Flohplatz den nakigten Körper mit Lehm insmeren un denn pardautz in't Water sprüngen, wol'n stückener Dutzend mal, dat was ne Freude, un en Hopphei!"[67]

Denkmal am Schützenplatz zur Erinnerung an Bademeister Heinrich Schrader.

Aber auch Auseinandersetzungen gab es zwischen Jugendlichen auf der Ohe. Die Lindener Butjer kämpften hier mit den „Kosaken", bis ein Fluraufseher die Streithähne auseinander zog. „Kosaken" war ein Schimpfwort für die Jungs, die vor dem Steintor oder vor dem Aegidientor außerhalb der Stadt wohnten. Dort wurden Gärten bewirtschaftet, die Jungs also abschätzig als Kötner, als Kotsassen bezeichnet.[68]

Noch ein deutlich weiteres Stück die Ihme aufwärts lag die Militärschwimmanstalt, in der die Soldaten aus den Kasernen am Waterlooplatz für ihre militärische Ausbildung schwimmen lernten.

Eine weitere Militärbadeanstalt wurde 1870 bis 1871 am „Reservelazareth Nr. 2 auf dem Schützenhause" eingerichtet. Hier wurden 592 Verwundete von den Schlachtfeldern bei Wörth und Weißenburg behandelt, Schlachtfelder des Deutsch-Französischen Krieges. Tausende von Verwundeten mit schweren Verletzungen mussten in Lazaretten für lange Monate untergebracht werden. Auch hier wurde, wie bei dem flussabwärts gelegenen städtischen Krankenhaus, das Ihme-Wasser für das Waschen der Verletzten und für die Abwässer genutzt. Ein Lokomobil, eine fahrbare Dampfmaschine, die gerade erfunden worden war, sorgte für die Wassererwärmung und die Stromversorgung des Lazaretts.[69]

Gegenüber des Schützenhauses gab es auf der Lindener Seite auch Wege an der Ihme, an denen der Fluss nicht nur zum Baden genutzt wurde. Verschiedene Geschichten ranken sich um die dunkle Seite des Ihme-Ufers. Ein im 19. Jahrhundert unter der Hand weitergereichtes Gedicht wirft einen besonderen Blick auf den Ihme-Strand:

In Linden an der Ihme Strand,
Da ist es herrlich und charmant,
Da haben sich eingefunden
Eine Anzahl venerischer Kunden
Sie jucken und schmieren,
Es ist ja ganz charmant,
In Linden an der Ihme Strand. [70]

1924 wurden in der Ihme Knochen und Leichenteile gefunden, die zur Aufklärung einer grausamen Mordserie führten. Schon einige Zeit gingen Gerüchte entlang von Ihme und Leine, Kinder würden in der Calenberger Neustadt verschwinden.[71] Mit den Funden zuerst in der Ihme, dann in der Leine und in den Teichen der Herrenhäuser Gärten wurde Gewissheit, dass mindestens 24 Jungen und junge Männer ermordet wurden. Fritz Haarmann, in der Calenberger Neustadt an einem Leine-Arm wohnend, wurde als Mörder überführt und zum Tode verurteilt. So haften den Flüssen zwischen Hannover und Linden auch etwas Unheimliches an.

Sorgen und Ängste um das unberechenbare Wasser halten sich bis heute. So fühlte sich schon 1801 die Obrigkeit bemüßigt, zumindest für die Ihme Entwarnung auszusprechen:

Die Ihme ist nicht völlig so schnell und so
reißend wie die Leine, hat hie und da
kiesigen Grund und seichte Stellen. Dies und ihre
weitere Entfernung von den gewöhnlichen
Promenaden macht sie anziehender für den
Badenden. Sie kann ihm aber sehr gefährlich
werden, wenn er nicht die nöthige Vorsicht
beachtet. [72]

Freizeitsport an der Ihme-Mündung 2022.

Bahn frei
Wassersport auf der Ihme

Das Interesse an der Ihme als urbanem Naturraum hat in jüngster Zeit erheblich zugenommen. Saubereres Flusswasser infolge von Deindustrialisierung und Naturschutzmaßnahmen, Erschließung von Wegen und eine stärkere Nutzung städtischer Freiräume tragen zu einer Neubewertung bei. Inzwischen wird auch wieder in der Ihme gebadet. Das steile Ufer das kanalisierten Flusses lässt aber nur an einigen Stellen den Einstieg zu. Es fehlt an flachen Uferzonen, die das Wasser des Flusses insgesamt erlebbarer machen würden und an denen auch für Flora und Fauna Übergangszonen entstehen könnten. Inzwischen beschäftigen sich mehrere Masterarbeiten an der Leibniz Universität Hannover mit Konzepten, die über Badebuchten und Renaturierungsmaßnahmen den kanalisierten Verlauf des Flusses aufbrechen.[73]

Die Wasserqualität lässt das Baden in der Ihme inzwischen wieder zu. Allerdings sollte nach starken Regenfällen nicht in den Flüssen Hannovers geschwommen werden, da das Wasser mit Kolibakterien aus den Vorflutern der Regenwasserka-

Jugendherberge am Flussufer der Ihme.

Bootsverleih am Schnellen Graben.

nalisation belastet sein kann. Auch Gülle und Kunstdünger aus den Feldern zwischen Hildesheim und Hannover fließt in Leine und Ihme und belasten das Wasser. Nach den europäischen Wasserrahmenrichtlinien ist Hannover angehalten, endlich auch die städtischen Flussräume ökologisch aufzuwerten, das heißt Wasserqualität, Flussauen und Flussverläufe zu verbessern.[74]

Neben den Badestellen wird die Ihme seit dem 19. Jahrhundert auch mit Freizeitbooten befahren. Zuerst entwickelte sich an der Ihme der Rudersport. 1880 wurde der „Hannoversche Ruderclub – Bahnfrei" gegründet und ein Bootshaus vor der städtischen Badeanstalt am östlichen Ihme-Ufer errichtet. Mitglied im Männerruderverein werden durfte, wer „seinen Lebensunterhalt nicht mit der Hände Arbeit verdiente", eine deutliche Abgrenzung gegenüber den Lindener Arbeitern auf der westlichen Uferseite.[75] Einige Jahrzehnte später gründete sich in direkter Nähe auf der Altstädter Ohe der 1. Frauenruderclub von 1928.

Nach dem Bau des Maschsees, des Sportparks und der Begradigung der Ihme zogen der Hannoversche Ruderclub und der 1. Frauenruderclub an das Westufer des Maschsees. Dafür siedelte sich gegenüber vom Schützenplatz auf der Lindener Seite der Deutsche Ruderclub von 1884 (DRC) 24 an.

Bereits 1842 hatte es die erste Ruderwettfahrt an der Ihme-Brücke am Schwarzen Bären gegeben. 1870 gründeten dann englische Studenten und kaufmännische

Lodemannbrücke.
Das kleine „Golden Gate".

Angestellte der Mechanischen Weberei den „Britannia Rowing Club Hanover",
den späteren DRC. Größter Erfolg des DRCs war die Goldmedaille von Wolfgang
Hottenrott im Deutschland-Achter bei den Olympischen Spielen in Mexiko 1968.

Inzwischen sind Ruderboote nicht mehr allein auf der Ihme. Insbesondere in der
warmen Jahreszeit gibt es regelmäßig Auseinandersetzungen um die Nutzungs-
hoheit auf der Ihme. Neben Schlauchbooten und Stehpaddlern sind vor allem
Kanus beliebt, die das sogenannte „Kleine Dreieck" umrunden. Das „Kleine Dreieck" ist eine Paddeltour, bei der auf Ihme und Leine die Calenberger Neustadt
einmal umrundet wird. Am großen Wehr des Schnellen Grabens können Paddelboote ausgeliehen werden ㉕.

Und auch die Ufer werden beliebter. Nicht nur zum Angeln, sondern auch zum
Sitzen, auf's Wasser schauen, die Füße reinhalten, das gemeinsame Grillen, für
den Hundeauslauf.

Auf unserem Weg die Ihme entlang fahren wir am Ende des breiten Stroms auf
die rote Brücke, die Lodemannbrücke ㉖. Wir befinden uns hier auf Höhe des südlichen Ausläufers Lindens. Auch wenn Linden-Süd wegen der unbebaubaren Ihme-Auen nicht die Industriedichte Linden-Nords aufwies, nutzten doch eine che-
mische Wäscherei zwischen Hengstmannstraße und Auestraße (heute an der
Roesebeckstraße/Krankenhaus Siloah ㉗) und andere kleine Betriebe entlang
des Allergrabens die Ihme als Entwässerungsfluss. Der Rademacher Friedrich
Oelschläger und sein Nachfolger, der Stellmacher Fritz Holland, stellten gemeinsam mit dem Schmied Wilhelm Buschbaum, zwischen Allergraben und Auestraße
Kutschen her. Aus diesem 1830 von Oelschläger gegründeten Betrieb ging später
die bekannte Hannoversche Waggonfabrik HAWA hervor, die Eisenbahnwag-

gongs, Flugzeuge und Elektoautos produzierte.[75a]

Der Allergraben floss einst mit einem
südlichen und nördlichen Ausläufer in
die Ihme. Er ist mit der Erweiterung Lindens nach Süden verschwunden. Das
vom Lindener Berg abfließende Wasser wird heute in die Straßenkanalisa-
tion geleitet. Nur der an der Erlöserkirche ㉓ entlang in die Lindener Ohe
führende Allerweg erinnert noch an
das Gewässer.

Linden war einst für seine Gewässer
bekannt. „Reiche Wasserquellen ent-
sprangen im Dorfe und flossen als Rie-
den der Ihme zu. Der bedeutendste
Quell war der Dieckborn."[75b] Vom Dieckborn an der heutigen Diekbornstraße
wurde über den Bach Gartenriede nicht
nur der Küchengarten bewässert, sondern in hölzernen Röhren Trinkwasser über
die Ihme-Brücke nach Hannover geleitet.

Seufzerallee.
Kopfweiden am Wehr des Schnellen Grabens.

Der Schnelle Graben
Schutz und Trutz Hannovers

Der Schnelle Graben ist der große Kanal, der auf unserer Tour hinter der im-
posanten Lodemannbrücke mit ihrem roten Pylon zum Vorschein kommt. Es
scheint so, als sei der dreißig Meter breite Schnelle Graben die Ihme selbst. Da
wundert es nicht, dass der Schnelle Graben bis ins 18. Jahrhundert noch „Ihme-
Fluss" genannt wurde.

Man muss schon mitten auf der Lodemannbrücke Pause machen und ganz genau
hinschauen, um die Ihme zu entdecken, die schräg gegenüber der Jugendherberge ㉘ aus dem Unterholz kommt. Dabei ist sie an dieser Stelle immerhin sieben
Meter breit.

Zusammenfluss von Ihme (rechts) und Schnellem Graben (links).

Ein Blick zur Spitze des Pylons der Lodemannbrücke lohnt sich. Nicht nur, weil sie ein wenig die Golden-Gate-Bridge von Hannover ist, die Spitze wird auch gern von Raubvögeln genutzt, die von dort einen guten Ausblick auf ihre Beute haben, die reichlich in den Ihme-Wiesen zu finden ist.

Der Schnelle Graben ist seit mindestens 600 Jahren der Entwässerungskanal der Leine, um die Altstadt Hannovers von Hochwasser möglichst frei zu halten. Die Ihme nimmt damit mehr Wasser auf, als die Leine auf ihrem Weg durch Hannovers Innenstadt führt. Die Ihme wird hier zum Hauptstrom Hannovers. Die mehr als dreieinhalb Meter Höhenunterschied an der Hangkante zwischen Leine und Ihme haben dem Graben seinen Namen als schnelles Gewässer gegeben.

Die Umleitung der Leine führte aber nicht wie in anderen Städten dazu, dem Hauptstrom auch den Namen des größeren Flusses zu geben. Wiederholte Maßnahmen zum Hochwasserschutz in Hannover haben dazu geführt, dass durch die kleine Ihme zwar Jahrhundert für Jahrhundert immer mehr Leine-Wasser floss, sie aber ihren Namen behalten konnte. Bei Hochwasser wird 90 Prozent des Leine-Wassers über die Ihme geführt.[76]

Horst Bohne, Lindener Stadtchronist und Hannoverkenner, sieht die Entwicklung der Flusswehre als entscheidenden Beitrag zur Wasserregulierung: „Überschwemmungen des Stadtgebietes von Hannover durch Hochwässer der Leine waren schon im frühen Mittelalter der Anlass dafür gewesen, vor der Stadt einen Überlauf über ein Wehr zu schaffen. Dadurch konnte zum einen der Wasserstand innerhalb des Stadtgebietes, unter anderem auch für den Betrieb der Mühlen wie zum Beispiel der Klickmühle, reguliert werden; zum anderen bestand die Möglichkeit, bei Hochwasser die überschüssigen Wassermengen schon vor der Stadt über das Wehr in die 3,60 Meter tiefer fließende Ihme abzuleiten. Bereits 1449 wird das Verbindungsgewässer zwischen Leine und Ihme unter dem Namen ‚Snellegrave‘, also ‚Schneller Graben‘ erwähnt."[77]

Zu Johann Snellegrave haben wir bereits einiges auf unserem Weg die Ihme entlang erfahren. Auch am Schnellen Graben stand wohl einst eine Wassermühle. 1739 wurden beim Umbau des Wehrs Reste von Fundamentpfählen gefunden.[78] Vielleicht hatte auch hier Johann Snellegrave oder ein anderes Familienmitglied Mühlenrechte erworben. Ein Zufall kann der prägnante Nachname nicht sein.

Statt Mehl wird heute am Leine-Wehr am Schnellen Graben mit Wasserkraft Strom produziert. Die Stadtwerke Hannover haben am großen Wehr, das an der Abzweigung der Leine ein paar Meter vom Maschsee entfernt den Höhenunterschied zur

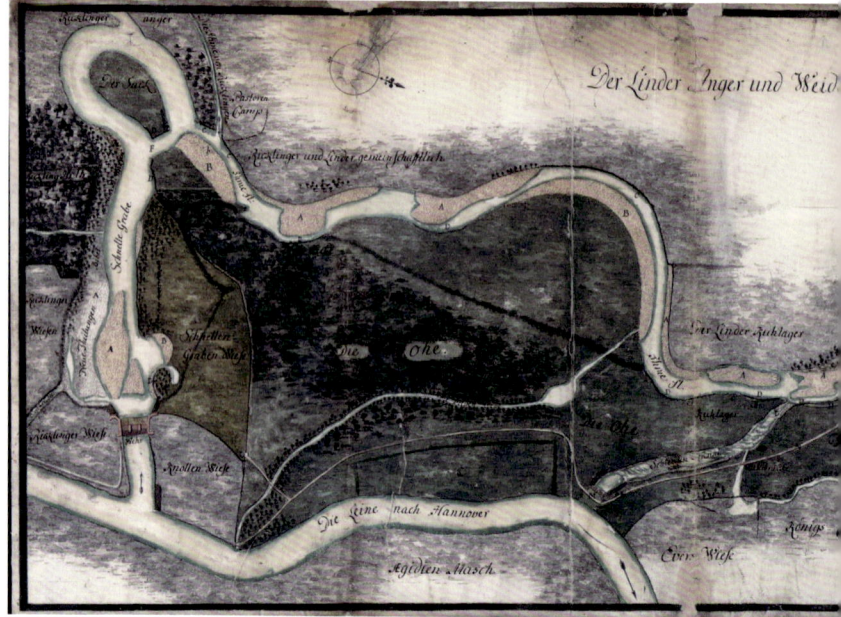

tiefer gelegenen Ihme überwindet, ein Elektrizitätswerk in Betrieb.

Der Blick auf die Abbildung der Wasserläufe im Jahr 1754 zeigt, wie die gesamte Fläche zwischen Leine und Ihme als Überlaufbecken genutzt wurde. Dort wo Leine und Ihme besonders nah zueinander stehen, sind verbindende kleine Wasserläufe und ein künstlich angelegter „Schleusen-Kanal" mit einer Notschleuse zu erkennen. Die Leine floss immer wieder ins „Englische Loch", suchte sich Wege Richtung Ihme über den Bellavista-Graben und es wurden Dämme an der Seufzerallee errichtet. Das Gewässer der Düsternriede, der zugeschüttete Bach einer alten Verbindung zwischen Leine und Ihme, diente ebenfalls zur Entwässerung bei Hochwasser.[79] An das düstere Gehölz erinnert noch die Düsternstraße in Ricklingen.

Die Entwässerung der Leine als Schutz vor Hochwasser in Altstadt und Neustadt ist in dem Maße immer weiter nach Süden gerückt, wie sich vor allem die Neustadt weiter in die Masch hinein entwickelt hat. Letztlich wurde das Leine-Ihme-Becken so weit verengt, dass das Hochwasser im Süden nach Ricklingen und über das Nadelöhr Benno-Ohnesorg-Brücke in die Calenberger Neustadt drängte. Ricklingen wehrte sich, wie wir noch sehen werden, und zum Hochwasserschutz der Calenberger Neustadt wurde die Benno-Ohnesorg-Brücke aufgeweitet und ein Teil der Wiesen der Calenberger Neustadt abgegraben.

Plan von der Ohe bey Hannover.

Oben links findet sich der „Sack", ein Mäander der Ihme, über den das über den Schnellen Graben abgeleitete Leine-Wasser Hochwasser nach Ricklingen brachte. Der Schleusenkanal sollte zusätzlich entwässern. Davon abgehend der alte Ihmearm an der Königs-Coppel. Er bildete das Englische Loch, später für Stadion und Schützenplatz zugeschüttet. Rechts oben findet sich die einzige Überquerung der Ihme, die Ihme-Brücke, heute Benno-Ohnesorg-Brücke.

Karte: E. Braun 1754

Das Tor zur Welt
Zehn Brücken in Linden

Unsere Tour führt jetzt weiter über die rote Lodemannbrücke auf die andere Uferseite und von dort aus unter dem ehemaligen Bahndamm nach Altenbeken, dem Ohedamm **㉙**, hindurch. Die alte Bahnbrücke des Ohedamms heißt heute Helene-Weber-Brücke und ist die letzte Lindener Brücke, die die Ihme überquert. Statt des einstmals einzigen Flussübergangs am Schwarzen Bären verbinden heute zehn Brücken Linden mit Hannover. Die **Sch**wanenburgbrücke und die **D**ornröschenbrücke über die Leine und acht Brücken über die Ihme: **J**ustus-Gartenbrücke, **L**einertbrücke (Spinnereistraße), **I**da-Ahrenhold-Brücke, **B**enno-Ohnesorg-Brücke (ehemals Ihme-Brücke), **L**egionsbrücke, **S**tadionbrücke, **L**odemannbrücke, **H**elene-Weber-Brücke (Ohedamm). Mit einem kleinen Spruch lassen sich die Namen der Lindener Brücken über die Leine und Ihme in ihrer Reihenfolge flussaufwärts merken:

Schöner **D**enkspruch:
Jedenfalls **L**assen **I**hme-**B**rücken
Lange **S**chon **L**indener **H**inübergehen

Auf dem Ohedamm fuhr die Eisenbahn vor der Anlage des Maschsees von Hannover nach Altenbeken und verband die Deisterbahn mit dem Schienennetz der Stadt Hannover. Direkt hinter dem Ohedamm führt die heutige, den Maschsee im Süden umfahrende Umgehungslinie zum Bahnhof Fischerhof **㉚**, der, seit Egestorf die Kohlenbahn von Linden in den Deister entwickelte, als Lindener Industriebahnhof fungierte. Heute fahren hier täglich über 400 Güterzüge sowie die S-Bahnen in den Deister und in das Weserbergland. In die andere Richtung ist der Hauptbahnhof Hannover schnell zu erreichen. Der Bahnhof Fischerhof, der 200 Meter entfernt von der Ihme in Linden-Süd liegt, erhielt seinen Namen nach dem Gehöft der Familie von Alten, die hier mit Ihme-Wasser gespeiste Fischteiche angelegt hatten, wie auch schon seit jeher am Schnellen Graben Fischzucht betrieben wurde.[80] Später nutzte eine Zuckerfabrik das anliegende Areal, auf dem 1890 die stolze Menge von 847.000 Zentnern Rüben verarbeitet wurde. Das waren doppelt so viele Rüben wie in der Weetzener Zuckerfabrik, die ihmeaufwärts ebenfalls Zucker produzierte. Der Import von Rohrzucker über Bremen war mit der Erfindung der Rübenraffination und der damit verbundenen Intensivierung des Rübenanbaus im Calenberger Land nicht mehr nötig. Im Gegenteil, der Rübenzucker ging über den Bahnhof Fischerhof bis nach England und Amerika.[81] Die Rübenwäsche fand an der Ihme statt und belastete das Ihme-Wasser dementsprechend.

Feuchtgebiet der Ihmeniederung bei Ricklingen.

Die Masch
Ricklingen von der schönsten Seite

Unter dem Ohedamm wand sich einst der große Ihme-Mäander, auch Sack genannt. Heute fließen hier ein Umflutgraben – der es den Fischen ermöglicht, das Wehr am Schnellen Graben zu umschwimmen – und die Ihme selbst.

Der Flusscharakter wandelt sich hier zum Fließgewässer zweiter Ordnung. Um das zu unterstreichen, wird in Ricklingen, das hinter dem Ohedamm beginnt, die Ihme seit jeher in gutem Calenberger Platt „Beeke" genannt. Beeke bedeutet einfach nur Bach und wird im Oberlauf der Ihme häufiger wieder für Zuläufe der Ihme verwendet. Die nächste Brücke heißt demnach auch Beekebrücke.

Die Namensänderung und die im Schatten der Eisenbahnbrücken unscheinbare Mündung in das kräftige Leine-Wasser des Schnellen Grabens verleihen der Ihme eine Art Tarnung. Die Beeke treibt mit uns unwissenden Städtern ein Versteckspiel und lenkt den Blick, die Freizeitaktivitäten und die Ausflugsrouten eher Richtung Maschsee, als dass sie ihre Schönheit flussaufwärts preisgeben möch-

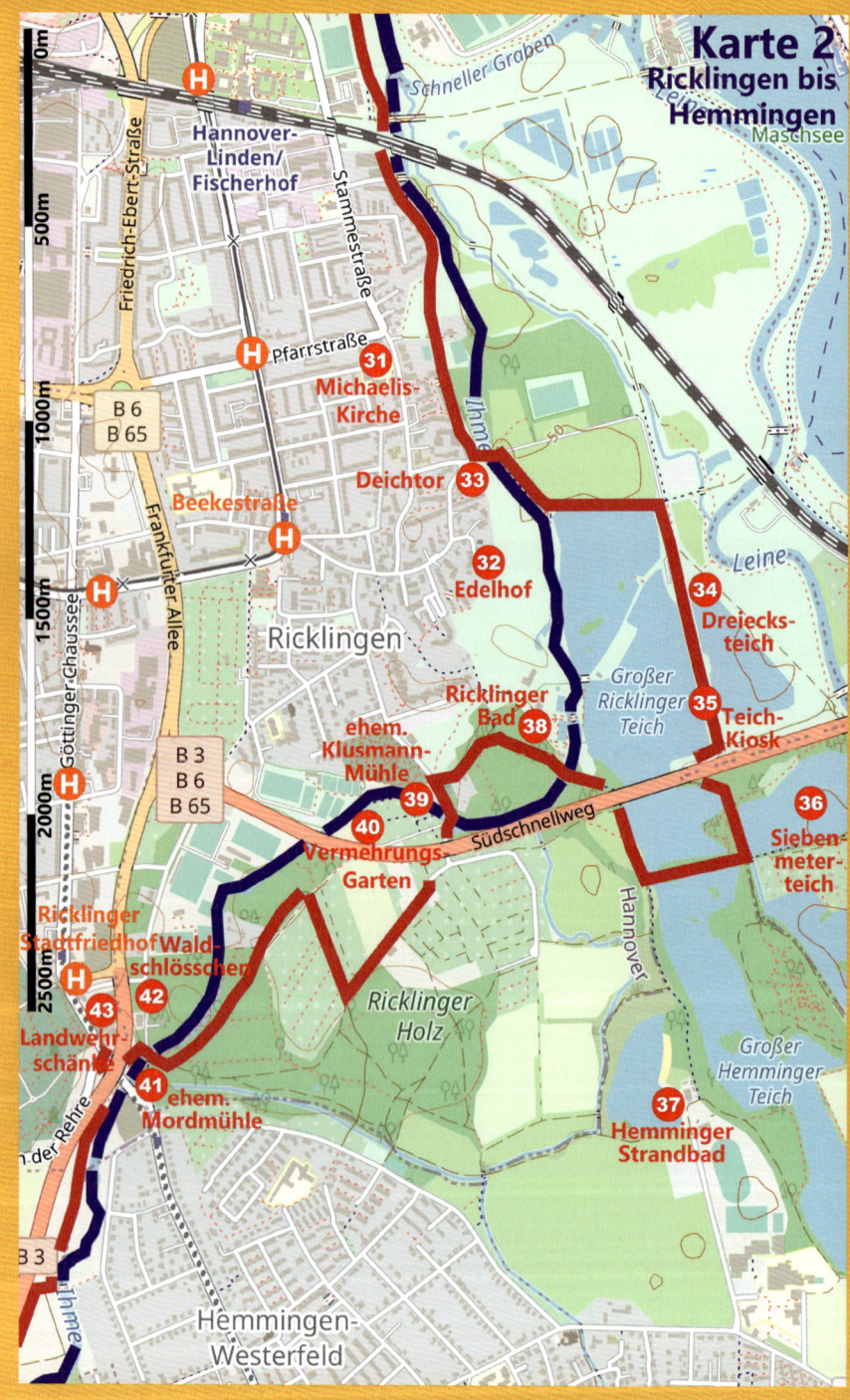

Karte 2
Ricklingen bis
Hemmingen

te. Dieses Spiel wird uns noch häufiger auf unserer Ihme-Tour begegnen. Immer wieder verschwindet sie aus unserem Blickfeld, ändert ihren Namen nochmals, entwickelt fast unnahbare Naturräume und eröffnet überraschende Ausblicke. Ein schöner Ausblick wird gleich möglich sein, wenn wir rechts auf den Deich hinauffahren.

Der Deich bildet die von Menschen geschaffene Grenze des Urstromtals von Leine, Ihme und Innerste. Über fünftausend Quadratkilometer Einzugsgebiet umfassen die Wasserläufe, die Hannover erreichen. Die Leine entwässert den südwestlichen Harz, die Innerste den nordwestlichen Harz und die Ihme bringt das Wasser aus dem südöstlichen Deister nach Hannover.

Wenn wir rechts vom Deich herunterschauen, sehen wir den Stadtteil Ricklingen mit seiner stolzen Michaeliskirche ⑨, ein Backsteinbau der Hannoverschen Schule. Die Stilrichtung des neugotischen Backsteinbaus hatte sich zeitgleich mit dem entstehenden Eisenbahnnetz entwickelt. Vor allem Bahnhöfe in Norddeutschland wurden in Backstein errichtet, es folgten Sakralbauten wie die Kirche in Ricklingen. Sie wurde erbaut von dem Lindener Architekten Fritz Knust, einem Schüler des königlich-hannoverschen Baurats Conrad Wilhelm Hase, dem Begründer der Hannoverschen Schule und Erbauer der Zionskirche in Linden-Süd, heute Erlöserkirche.[81a] Ton für die Backsteine war zwischen Ihme und Leine genug vorhanden, allein an der Ihme befanden sich vier Ziegeleien. Eine in Linden am Fischerhof, eine am Wasserwerk in Ricklingen, eine an der Kückenmühle und eine an der Bettenser Mühle.

Ricklingen lebt mit und gegen das Wasser. Jeder Zentimeter an Schutz ist wichtig. Der Bau des Deichs 1954, die Abgrabung des Ihme-Ufers in der Calenberger Neustadt und die Verlängerung des Deiches Richtung Hemmingen sind Antworten auf eine immer stärkere Besiedelung des Leine-Tals, bei gleichzeitig zunehmendem Risiko für starkregenbedingtes Hochwasser infolge von Klimaveränderungen. Aber auch die intensive Landwirtschaft zwischen Hildesheim und Hannover, die zur Erosionsbildung, Verschlammung und zum Verlust von Wasserrückhalteflächen beiträgt sowie die Kanalisierung der Ihme mit ihrem völlig geraden Flusslauf im Stadtgebiet Hannovers, verstärken das Hochwasserrisiko.

In Ricklingen wird der Bedeutung des Deichs und der großen Hochwasserereignisse mit der jährlichen Krönung eines Deichgrafen oder einer Deichgräfin Rechnung getragen.

Bereits die Anlage des Schnellen Grabens hatte gravierende Folgen für Ricklingen. Ein Teil der Landwirtschaft in der Masch entlang der Ihme musste aufgegeben werden, da das umgeleitete Wasser zwar Hannover trockener machte, dafür aber die Ricklinger Felder einnässte. Ricklinger Bauern standen 1717 mit Mistgabeln vor dem Hannoveraner Rathaus und beschwerten sich bei der Obrigkeit. Es entwickelte sich eine langwierige Wasserfehde. Ricklingen versuchte durch Stichkanäle das Wasser aus dem Mäander, dem sogenannten Sack, von Ricklingen fernzuhalten, Hannover schüttete die Abgrabungen wieder zu. Die Fehde wurde erst 1770 mit einer Wiedergutmachungsabgabe aus Hannover beigelegt. Als Erinnerung zeugt noch der zwischen Maschsee und Ricklingen verlaufende Wasserfehdeweg.[82]

Ricklingen musste sich aber nicht nur gegen das Ihme-Wasser schützen, es profitierte auch vom guten Wasser, das die Ihme aus dem Deister reichlich brachte. Nicht nur die Fischteiche am Fischerhof wurden mit Ihme-Wasser gespeist, auch das erste Wasserwerk Hannovers wurde 1878 in der Ricklinger Feldmark gebaut und lieferte hundert Jahre lang Trinkwasser für Ricklingen und die gesamte Stadt Hannover. Das filtrierte Wasser wurde von dem Pumpwerk in der Stammestraße über 45 Meter hoch bis auf den Lindener Berg gepumpt, wo der Hochbehälter heute noch wie eine Festung thront.

Michaelis-Kirche Ricklingen.

Ebenfalls auf gutes Wasser angewiesen war die 1888 am Ricklinger Stadtweg errichtete Kaiserbrauerei, einst bekannt für ihr untergäriges Kaiser-Pils. Noch heute soll der Tiefenbrunnen am Bahnhof Fischerhof zwischen Eisenbahn und Schnellwegen vor sich hinsprudeln. Die Brauerei ist längst abgerissen.

Und auch die Lindener Aktien-Brauerei beziehungsweise deren Vorgängerin Brande & Meyer nutzte das Wasser der Ihme-Masch. Im Winter wurden große Mengen an Eis aus der Ihme und den Überschwemmungswiesen gebrochen und in drei bis heute erhaltene Eiskeller am Lindener Berg gebracht. Dort hielt das Eis bis in den Sommer und es konnte das beliebte untergärige Exportbier Lindener Spezial, das Temperaturen von unter acht Grad für den Brauprozess benötigte, bis in den Sommer gebraut werden.[83]

Die zugefrorenen Ihme-Wiesen wurden aber nicht nur zur Eisproduktion genutzt, sie sind auch als Schlittschuhwiesen beliebt, auf denen in kalten Wintern verhältnismäßig gefahrlos weite Strecken zurückgelegt werden können. Auch von den Ihme-Wiesen bei Evestorf wird vom Eisvergnügen berichtet.[85]

Die Flüsse Hannovers als Landwehr
Tilly scheitert im Edelhof

Die Ricklinger Beeke, die jetzt links vom Deich im Unterholz glitzert, war gleichzeitig Teil der Landwehr, eines umfangreichen Systems von Bächen und Wällen zur Verteidigung gegen Feinde, zur Einhegung von Siedlungen und um Waren an den Toren kontrollieren zu können. Wie gut die Landwehr funktionierte, musste schon Tilly, der katholische Feldherr, auf seinem Religionsfeldzug im Dreißigjährigen Krieg erkennen. Obwohl er 1625 das gesamte Calenberger Land besetzen konnte, den Wrampenhof in Ricklingen als Lager beschlagnahmte und seine Truppen der Bevölkerung in Dörfern wie Ricklingen stark zusetzten, konnte er Hannover in den Jahren der Belagerung nicht erobern. Entscheidend war letztlich, dass Tilly nicht über die Ihme kam, da dem protestantischen Hannover zur Hilfe geeilte dänische Dragoner von der Calenberger Neustadt aus die Ihme-Brücke als einzige Überwegung mit Kanonen verteidigten. In der Schlacht an der Ihme-Brücke am 3. November 1625 verloren 500 Soldaten ihr Leben.[84a] Dank der Ihme blieb Hannover von der Einnahme und Verwüstung verschont.

Während die katholischen Tuppen am Lindener Berg lagerten, nahm Tilly Quartier im Edelhof in Ricklingen **32**, die einzig geschlossen erhaltene Gutsanlage im

Kapelle Edelhof Ricklingen.

Stadtgebiet Hannovers, die fest mit der Entstehungsgeschichte Ricklingens verbunden ist.[85] Noch heute schlagen in der gotischen Kapelle die Glocken von 1483.[86] Bereits im 11. Jahrhundert soll Mechthild von Ricklingen aus gleichnamigem Edelherrengeschlecht das Gut in ihrem Besitz gehabt haben, bevor es 1302 in die Hände der Lindener Ritter-Familie von Alten kam. Die von Altens waren nicht nur in Linden und Ricklingen begütert, sondern auch den gesamten weiteren Ihmelauf entlang, in Ihme, Roloven, Weetzen und Vörie.[87] Heute wird der Edelhof von den Familien von Osten und von Klitzing bewirtschaftet. Mit seiner Kapelle und seinem Garten, den die Beeke beziehungsweise Ihme umschlängelt, ist der Gutshof ein wunderschöner Ort. Und an lauen Sommerabenden werden von der Stiftung Edelhof Kulturveranstaltungen angeboten. Das gastfreundliche Gut ist einen Abstecher von unserer Route wert, denn es lädt uns mit stilvoller Sandsteininschrift ausdrücklich zu einem Blick in das Anwesen ein: „Rücksichtsvollen Spaziergängern ist der Besuch gern erlaubt."

Flussbegleitende Kopfweiden am Deichtor Ricklingen.

Vormarsch-Wiese am Beeke-Strand.

Am Beekestrand
Auenlandschaft aus dem Bilderbuch

Unser Weg führt nun weiter auf dem Deich entlang bis zum Ricklinger Deichtor ㉝, an dem eine eindrucksvolle Hochwassermarke an das große Hochwasser von 1946 erinnert, als halb Hannover überschwemmt wurde. In Ricklingen mussten die Schafe auf die Stallböden, in der Calenberger Neustadt stand das Wasser 2,50 Meter in den Straßen und die wertvollen Dokumente des Stadtarchivs versanken im Keller des Neuen Rathauses.[88]

Wenn wir nicht den Abstecher zum Edelhof machen wollen, der durch das Deichtor hindurch links an der Beekestraße liegt, überqueren wir den hier am Deichtor wieder sichtbaren Wasserlauf der Beeke beziehungsweise Ihme und biegen ab auf den Radweg „Am Beekestrand". Eine kleine Erläuterung am Straßenschild zeigt die Verbundenheit Ricklingens mit ihrer Beeke:

> Hoch Ricklingen, fidelet Dörp, du an der Beekestrand,
> et gifft in ganz Hannoverland kein bet'ret Stücke Land.

Naturraum Ihme am Edelhof.

Gänsebad am Großen Ricklinger Teich.
Foto: Heike Köhn

Von Strand oder gar vom einstigen Beekeschwimmbad ist hier nichts mehr zu sehen. Doch der Beekestrand als Verweilort steht auf der Vorhabenliste der Region Hannover. Und eine kleine Hörstation informiert über die Vorteile der Renaturierung von Fluss- und Bachläufen in der Masch zwischen Leine, Ihme und Beeke. Die Beeke ist hier mit ihren Kopfweiden und dem weiten Blick auf die Überschwemmungswiesen besonders schön.

Die Beeke beziehungsweise Ihme verschwindet hier als versteckter Wasserlauf im Unterholz zum Edelhof und zum Ricklinger Bad. Nur die Ricklinger Kinder kennen im Flussbett ihre Abkürzungen durch den Stadtteil.

Vor uns liegt nun eine wunderschöne Route entlang der Ricklinger Seenkette. Rechts der Große Ricklinger Teich, ein beliebter Rastplatz für Zugvögel und schon bald links der beliebte Dreieckssteich 34, der an warmen Sommertagen das Ausflugsziel schlechthin ist. Mit seinen Wiesen und einem seichten Einstieg lädt er zum Baden ein.

Eine Hörstation am Ricklinger Deichtor informiert uns: Renaturierung von Gewässern im Stadtgebiet führt zu Verlangsamung des Wasserflusses und senkt die Hochwasserspitzen. Die Wiederherstellung des natürlichen mäandrierenden Gewässerverlaufs ist verändert das Bachbett und schafft damit mehr Lebensräume für Tiere und Pflanzen. Dirk Schmidt, der die Ihme seit 30 Jahren beobachtet stellt fest:

J e vielfältiger eine Lebensgemeinschaft ist, umso besser funktioniert funktioniert das Selbstreinigungsvermögen.

Das hört sich nicht nur nach einer Erkenntnis aus der fachlichen Perspektive an, sondern fast schon wie eine generelle Lebensweisheit. Ein QR-Code findet sich am Beekestand am Deichtor, weitere Infos unter www.hannover.de

Wir dürfen hier der Ihme und Leine dankbar sein, dass sie diesen Landschafts-raum geprägt haben. Kurt Wolter spricht von einer „Auenlandschaft wie aus dem Bilderbuch."[88a] Nicht nur Störche, Gänse, Biber, Fischotter, Dachse, Rehe, Wild-schweine, Füchse fühlen sich hier wohl, vor allem wir Menschen haben diese Landschaft für uns entdeckt. Naherholung und Naturbeobachtung finden hier zu-sammen. In der Vergangenheit war der von Mäandern, Neben- und Altarmen durchsetzte und durch Schneeschmelze und Regenfall feuchte Flussraum für die auf Landwirtschaft angewiesenen Bauern des Calenberger Landes kaum nutz- und schlecht durchquerbar. Erst die im 19. Jahrhundert stark wachsende Stadt Hannover trotzte dem alten Leine-Flussbett den Kies für den Straßenbau und an den Zuflüssen wie der Ihme den Ton für den Hausbau ab. Mit der Schließung der Kies- und Tongruben entwickelte sich das Gebiet zum schönsten Naturraum Han-novers. Neben Auwaldresten und Feuchtfluren hat sich mit Weidengebüschen, Schilf- und Röhrichtbeständen eine ausgeprägte Wasser- und Ufervegetation ent-wickelt, so dass vor allem Vogelbeobachtende auf ihre Kosten kommen. Die Tei-che zwischen Hannover und Hildesheim sind zu einem wichtigen Brut- und Rast-gebiet für Wasservögel geworden.

Vom Dreiecksteich zum Ricklinger Bad
Hier badet Hannover

Wir suchen nun auf dem Wasserfehdeweg zwischen Dreiecksteich und Gro-ßem Ricklinger Teich die Unterführung unter dem Südschnellweg. Wer eine Erfrischung braucht, kann an dem blauen Teichkiosk **35** zwischen den Seen Halt machen. Links hinter dem Schnellweg liegt der Siebenmeterteich **36**, ein FKK-Teich, der Messungen zu Folge nie sieben Meter tief gewesen sein soll. Wir halten uns rechts und kommen mit einer halben Umrundung des Großen Ricklinger Tei-ches über die kleine Brücke, die über den Seniebach führt, der aus Wilkenburg kommend die Wasserlandschaft des Großen Ricklinger Teiches durchfließt und am Beekestrand in die Ihme bezie-hungsweise Beeke mündet. Der Senie-bach speist am Großen Ricklinger Teich seit 1962 mit einer 800 Meter langen Leitung den Maschsee mit Wasser. Zu-vor wurde der Maschsee an der soge-nannten Leine-Quelle mit Leine-Was-ser befüllt. Die Leine war jedoch mit so

Protest gegen den Ausbau des Südschnellweges. Baumfällungen greifen empfindlich in das Ökosystem Leinemasch ein.

Dreiecksteich mit Badestrand.

Siebenmeterteich.

vielen Schweb- und Schadstoffen belastet, dass seither der Seniebach für die Wasserqualität des Maschsees garantiert. Zwischen Seniebach und Hemminger Maschgraben liegt 500 Meter südlich an einem Kiesteich das Hemminger Strandbad.

Wir fahren jedoch hinter der Brücke nach rechts und nach ein paar Metern kommen wir wieder über eine Ihme-Brücke, unter der die Ihme beziehungsweise die Beeke in einem von West nach Nord verlaufenden Bogen, dem Ihme-Knie, auf das Gelände des Ricklinger Bades **36** fließt.

Der 1909 im Lindenhof an der Ihme-Brücke in Linden gegründete Arbeiterschwimmverein Aegir, der einst an der Fösse, in der Schröderschen Badeanstalt an der Ihme und im Winter im Hallenbad an der Goseriede seinen Mitgliedern Schwim-

Beekebad in den 1920er Jahren am heutigen Deichtor.

men, Wasserball und Turmspringen anbot, hatte 1920 auf Höhe des heutigen Ricklinger Deichtors eine Badeanstalt an der Beeke angelegt. Es entstand eine hundert Meter lange strömungsfreie Schwimmbahn und ein Nichtschwimmerbecken.

Nach dem Verbot des Arbeitersportvereins Aegir 1933 und der Verfüllung der Schwimmbecken durch die SA fanden sich nach dem Zweiten Weltkrieg bereits 1946 wieder Aktive, ein neues Bad auszuheben. Das Wasser wurde wie für das alte Beekebad der Beeke (also der Ihme) entnommen, die als gewundener Flusslauf sehr schön in die großzügige Anlage des Ricklinger Bades integriert ist.[89] Heute wird das Schwimmbadwasser als Leitungswasser von den Stadtwerken bezogen. Das Ricklinger Bad hat zwei geheizte Freibadbecken, Sprungtürme und eine Liegewiese. Vom Gelände aus kann auch im Großen Ricklinger Teich gebadet werden.

Die Ihme, hier Beeke genannt, fließt durch das Ricklinger Bad.

Im Ricklinger Bad besteht nun die letzte Möglichkeit vor der nächsten Badeanstalt am Deister, ins Wasser zu springen.

Der Weg ins Unterholz
Mordgeschichten am Stadtrand

Die Mündung des Hemminger Maschgrabens, der aus dem Naturschutzgebiet Sundern bei Arnum kommt, bleibt uns verborgen, da er von Süden kommend im Schatten des Schnellwegs in die Ihme fließt.

Auf dem Weg liegt rechts hinter dem Deich eine Pferdekoppel und der alte Ricklinger Michaelisfriedhof. Wir überqueren aber an der Bauerwiese die Ihme beziehungsweise Beeke nach links und sehen im Wasser Reste eines alten Mühlenwehrs **39**.

Zwischen 1875 und 1881 betrieb der Müller Konrad Klusmann hier an der Beeke eine Wassermühle. Eigentlich eine sehr späte Entscheidung, da die Industrialisierung mit ihren neuen Antriebsarten die herkömmlichen Wasser- und Windmühlen bereits weitgehend überflüssig gemacht hatte.

Anschließend wurden die Gebäude bis 1960 von einer Gerberei weitergenutzt, die das Wasser der Beeke zum Reinigen und Einweichen der Felle und, wie die Lederfabrik Söhlmann in Linden, für die Abwässer nutzte.

Heute findet sich versteckt hinter dem Wehr zwischen Kleingärten und Beeke ein sogenannter Vermehrungsgarten **40**, ein Angebot für Menschen des Stadtteils, sich gärtnerisch zu betätigen und zur Artenvielfalt beizutragen.

Klusmann-Mühle in Ricklingen.

Wir fahren nun das letzte Mal unter dem Schnellweg hindurch und kommen über den Friedel-Gewecke-Weg an einer schönen Pferdekoppel und Kleingärten entlang im Zickzack in den südwestlichen Teil des Ricklinger Holzes. Ein paar Meter rechts des Weges verläuft die Ihme durch das Unterholz des Eichen- und Hainbuchenwaldes, der sich hier als Naturwald selbst überlassen wird, was dem Ihme-Wald einen besonderen Charakter verleiht. Am Ausgang des Ricklinger Holzes, das

Ihme im Ricklinger Holz an der Mordmühle.

hier Mühlenholz genannt wird, findet sich am Mühlenholzweg eine weitere Ihme-Brücke, wiederum an einer längst verschwundenen Wassermühle. 41 Nur ein großer alter Rosenbusch erinnert noch an vergangene Zeiten.

Zu den Ihme-Mühlen hat Jens Schade Hinweise gesammelt und berichtet folgende Geschichte: „Von der Ricklinger Mordmühle wird eine grausige Sage erzählt. Die Ihme trieb vor langer Zeit ein Mühlrad an, da, wo später die Landwehrschänke an der Göttinger Chaussee entstehen sollte. Dort soll, so flüsterten sich die alten Ricklinger zu, während des dreißigjährigen Krieges der Müllerssohn eines Tages mit einem Haufen Rauf- und Trunkenbolde gefeiert haben. Als am nächsten Morgen Bauern ihr Korn zum Mahlen brachten, fanden sie den Müller und seine Frau erschlagen in ihrem Blute liegen. Der missratene Sohn und seine Kumpane aber waren verschwunden. Seit diesen Tagen kümmerte sich niemand mehr um die Wassermühle und das Haus verfiel."[90]

Auch diente die Mühle offensichtlich zeitweise als Hinrichtungsstelle. Ein Soldat aus Burgund habe eine Magd „mit acht Stichen seines Degens in Haupt und Leib ermordet. Am 20. Mai 1695 wurde er dafür bei der Mordmühle mit glühender Zange achtmal gezwickt und darauf von oben gerädert."[91]

Die Mordmühle, wahrscheinlich im 11. Jahrhundert angelegt, taucht erstmals 1330 in einer Urkunde des Ritters Hermann von Knigge auf,[92] später auch in Zusammenhang mit einer Gerichtsstätte, einer sogenannten Dingstätte. 1362 wird hier ein Go-Gericht erwähnt.

Auf den Kellergewölben der Mordmühle wurde 1724 eine Landwehrschenke errichtet. Die Ihme war eine wichtige Landwehr an der immer stärker genutzten Göttinger Chaussee geworden, auch ein Wehrturm stand an dieser Stelle.[93] Die Ihme verläuft an einem der Stadt Hannover vorgelagerten ehemaligen Schutzwall, trennte die Landschaften von Pattensen und Gehrden und ist auch heute noch Stadtgrenze zum südlich gelegenen Hemmingen. Der Schutzwall und die Ihme sollten auch Schleichwege um den Kontrollpunkt an der Göttinger Chaussee, der auf einer kleinen Anhöhe lag, verhindern. Hier musste Zoll auf die Waren gezahlt werden, die nach Linden transportiert wurden.[94]

Dementsprechend wurde die Ihme von der Mordmühle aufwärts nicht mehr Beeke sondern nach ihrer Funktion Landwehr genannt. Auf die Landwehr liefen die alten Hellwege, die Handelswege von Süden zu. An der Landwehrschänke mit Poststation kamen die Routen aus Frankfurt und Göttingen zusammen, heute noch als Frankfurter Allee und Göttinger Chaussee in den Straßennamen erhalten geblieben. Eine ähnliche Funktion mit Anhöhe, Verkehrsknoten und vielleicht einer Mühle könnte die verschwundene Gerichtsstätte in Linden gehabt haben.

Aus der Landwehrschänke wurde später ein Fernfahrerheim und es entstand 1900 eine Straßenbahnendhaltestelle. Hier liefen im wahrsten Sinne des Wortes alle Wege zusammen, so dass zusätzlich ein Waldschlösschen 42 am Mühlenholzweg

Verlassene „Neue Landwehrschänke" an der alten Poststation.

für Ausflugsgäste errichtet wurde. Die längst umgenutzte alte Landwehrschänke wurde 2015 für die Umgehungsstraße abgerissen und auch die 1896 entstandene neue Landwehrschänke 43 auf der gegenüberliegenden Straßenseite wartet auf bessere Zeiten. Denn der einst wichtigste Ort im Südwesten Hannovers wird heute mehr oder weniger übergangen beziehungsweise überfahren, hat sich doch statt Getreidekarren und Postkutsche ein neuer Knotenpunkt von Südschnellweg (B6 Bremen-Dresden) und hoch gelegter

Umgehungsstraße (B3 Hamburg-Freiburg) an dieser Stelle herausgebildet. Immerhin könnte man hinzufügen, hat der Straßenausbau so invasiv in Flora und Fauna eingegriffen, dass zumindest pflichtbewusst an eine Renaturierung der Ihme und einen begleitenden Radweg samt Brücke über die Umgehungsstraße gedacht wurde. Der Weg führt ein kleines Stück in das zu Hemmingen gehörende Westerfeld zu einer Fahrradbrücke und zeigt musterhaft, wie eine Flussrenaturierung auch im besiedelten Stadtgebiet möglich ist.

Blick zum Deister
Das Calenberger Land liegt uns zu Füßen

Von der Brücke aus eröffnet sich der Blick in das Deistervorland, dem nördlichen Teil des Calenberger Landes zwischen Deister und Hannover. Bei gutem Wetter ist der Annaturm zu sehen, der auf dem höchsten Berg des Deisters steht, dem 403 Meter hohen Bröhn. Unterhalb des Bröhns, von dessen Bergrücken ein Großteil des Ihme-Wassers über den Wennigser Mühlgraben fließt, liegt Wennigsen. Links vom Bröhn fällt der Deister mit einer steilen Kante am Bielstein zum 310 Meter hohen Kalenberg hin ab, der oberhalb von Bredenbeck liegt. Der Bielstein ist als Bergkante deutlich in der Silhouette des Deisters zu erkennen. Er wird seiner markanten Form wegen auch Katzenbuckel genannt. Über den Kalenberg hingegen stürmt der Westwind manchmal so hinweg, dass die dann baumbefreite Kuppe wirklich als kahler Berg unter dem sonst durchgehend bewaldeten grünen Deisterkleid zum Vorschein kommt. Am Bielstein und am Kalenberg liegen die Quellen des Bredenbecker Baches, die die Ihme mit Wasser speisen.

Vom Calenberger Land war nun schon häufiger die Rede. Die Calenberger Neustadt, die Hannover nach Westen öffnet und das Calenberger Platt, das einen Sprachraum umreißt. Als Calenberger Land wird der fruchtbare Landstrich zwischen Leine und Deister bezeichnet, der in etwa im Norden durch das Steinhuder Meer und im Süden durch den Kleinen Deister bei Springe begrenzt wird. Historisch hervorgegangen ist das Calenberger Land um das Jahr 1292, als der welfische Herzog Otto der Strenge sich in der Nähe des heutigen Pattensen eine Wasserburg bauen ließ, die heute nur noch als Ruine in Resten existiert. Einer seiner Nachfahren, Herzog Erich der Ältere, auch Herzog und Fürst von Braunschweig, Lüneburg und Göttingen, lobte das Calenberger Landes 1495 mit folgenden Worten: „Dat Land twischen Deister und Leine, dat is et rechte, dat ich meine."[95]

Dat Land twischen Deister und Leine, dat is et rechte, dat ich meine.
Erich der Ältere, Herzog, 1495

Renaturierte Ihme-Aue in Hemmingen.

Das Calenberger Land ist weithin bekannt geworden, da mit ihm das Fürstentum Calenberg verbunden ist, von dem aus einst die Welfen sich als „Haus Hannover" etablierten und 1714 als Königsdynastie den englischen Thron bestiegen. Noch heute sind die Welfen rund um die Domäne Calenberg die größten Landbesitzer. Und der Boden im Calenberger Land ist ein ausgesprochen guter Boden. Anders als die Geestflächen nördlich des Deisters, findet sich im Calenberger Land fruchtbarer Löss, gemischt mit Ton und Kalk, die sogenannte Hannoversche Börde, die bis zu zwei Meter starken Lössboden aufweist. Wie alle Lössbörden ist auch das Calenberger Land ein Gunstraum für die landwirtschaftliche Nutzung.[96] Der Siedlungs- und Ackerbau hat auf der Hannoverschen Börde, der Westbörde, bereits in der vorrömischen Bronzezeit eingesetzt und bestimmt auch heute noch die Landschaft. Beim Aushub des Wasserwerks in Ricklingen wurden eine Doppelradnadel und eine Kopfradnadel aus Bronze gefunden, die jeweils als Grabbeigabe dienten. Die Nadeln stammen aus der älteren Bronzezeit zwischen 1.500 und 1.100 vor unserer Zeitrechnung.[97]

Bei der Ihme-Kanalisierung 1936 wurde eine Geweihhacke gefunden, mit der vor 200.000 bis 300.000 Jahren in der späten Altsteinzeit Wildbeuter ihren Fang zerteilten .[98] Wahrscheinlich Rentierjäger, die als erste die Leine und Ihme mit Booten befuhren, bis dann viel später im ersten Jahrtausend vor unserer Zeitrechnung

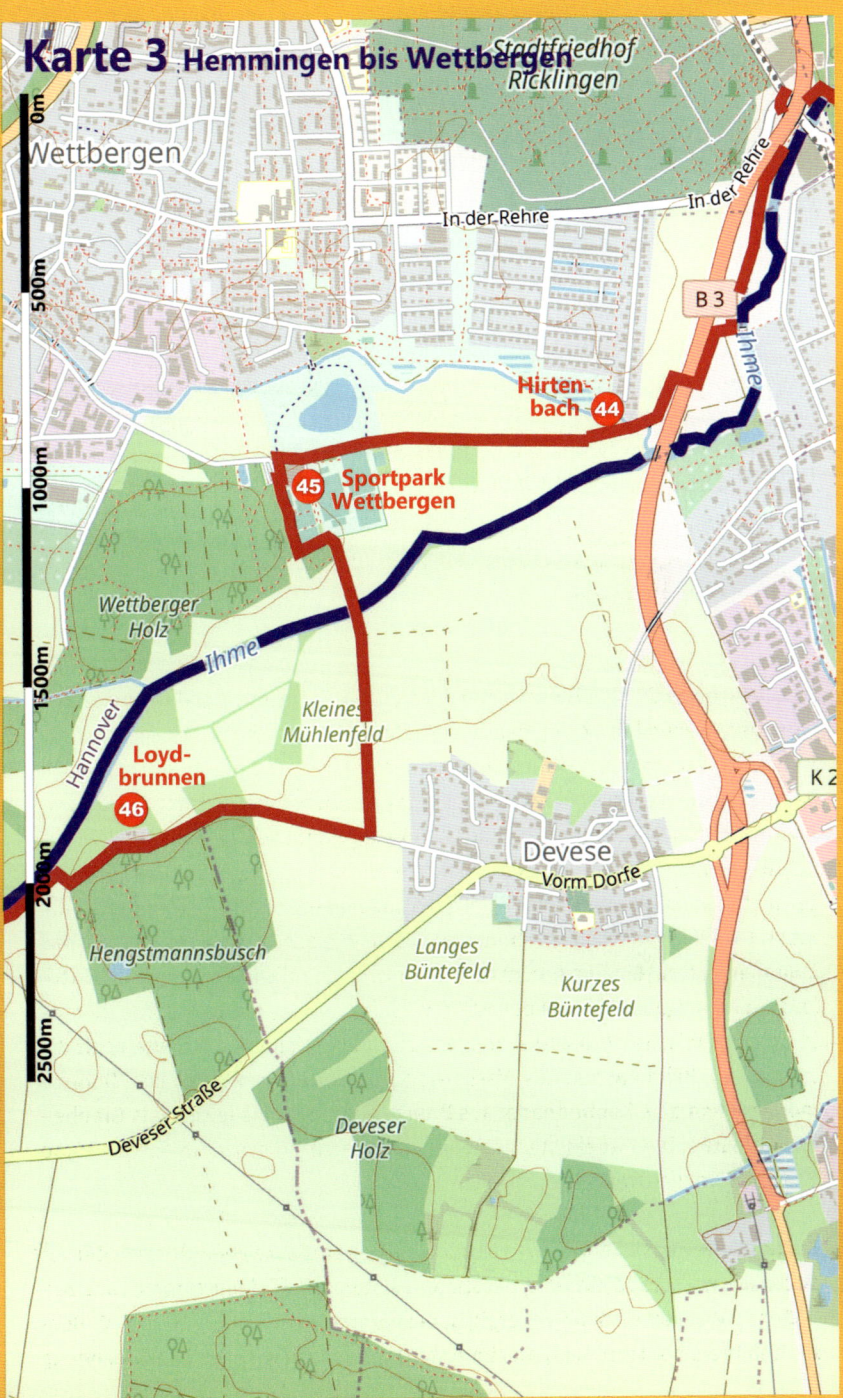

Wettbergen

Stadtfriedhof Ricklingen

In der Rehre

In der Rehre

B 3

Ihme

Hirten-bach 44

45 Sportpark Wettbergen

Wettberger Holz

Ihme

Hannover

Kleines Mühlenfeld

Loyd-brunnen

46

Devese

Vorm Dorfe

K 2

Hengstmannsbusch

Langes Büntefeld

Kurzes Büntefeld

Deveser Straße

Deveser Holz

0m
500m
1000m
1500m
2000m
2500m

Ufermärkte entstanden, die dem Tauschhandel dienten. Aus den Ufermärkten entwickelten sich die Handelsstädte.[99]

Auf den guten Böden zwischen Leine und Deister entstanden dann seit dem 13. Jahrhundert Rittergüter und Gutshöfe. In den jeweiligen Abschnitten zu den Dörfern an der Ihme werden die vier Rittergüter an der Ihme in Linden, Ricklingen, Bettensen und Bredenbeck genauer beschrieben. Gemeinsam mit den fünf Klöstern des Calenberger Landes standen sie als Landstände den jeweiligen welfischen Landesherren politisch zur Seite. Das Calenberger Land, so Carl-Hans Hauptmeyer, wurde somit zum „politischen Kern Niedersachsens."[100] Die gut erreichbaren Kohlevorkommen im Deister lieferten zudem Brennstoff, wahrscheinlich bereits deutlich vor dem belegten Beginn des Kohlebergbaus im 16. Jahrhundert. Kalkstein, Salze und Sandstein dienten und dienen als weitere Rohstoffe, die das Calenberger Land und seine Höhenzüge in seiner Entwicklung prägten.

Durch das Calenberger Land führen dementsprechend alte Handelsrouten, wie die Verbindung zur Porta Westfalica, die als „Hellweg vor dem Santforde" die Bistümer Hildesheim und Minden verband und bis in die Seestädte am holländischen Eisselmeer führte. Der Weg führte von Hildesheim nach Pattensen über die Leine, die dort bereits um 1300 mit einer Fähre überquert werden konnte und dann durch das Calenberger Land nördlich um den Deister nach Westen. Von Südwest nach Nord führte der so genannte „Nördliche Hellweg", der von Paderborn über Hameln durch das Calenberger Land nach Hannover führte.[101]

Eine nördliche West-Ost-Verbindung über Hannover war lange Zeit schwierig, da es kaum verlässliche Wege durch die Moore nördlich von Hannover gab. Erst im späten Mittelalter, als die Hansestädte im Norden für Handelsbeziehungen wichtiger wurden, verlagerte sich der Hellweg über Gehrden und

Doppelradnadel aus der Bronzezeit.

Fundort Ihme-Aue, Wasserwerk Ricklingen.

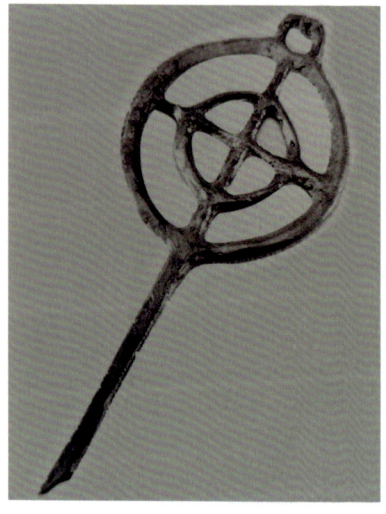

führte wahrscheinlich über eine heute noch Hohe Straße heißende Verbindung durch Linden zur Leine-Querung an der Burg Lauenrode vor den Toren Hannovers. Mit der Anbindung Hannovers an den von Westen kommenden Hellweg konnte das Wegenetz mit dem Wasserweg über die Ihme bis zur Weser nach Norden verbunden werden. Und auch die Südverbindung östlich der Leine über die Hildesheimer Heerstraße bis nach Frankfurt und Nürnberg bekam mit der Bedeutung Hannovers als neues Handelszentrum erheblichen Aufschwung, wurde sie doch zur wichtigsten Postroute zwischen den Küstenstädten um Bremen und dem Rhein-Main-Gebiet.[102] Das Leine-Tal war viel besser für die Nord-Süd-Route des Handels geeignet als das gewundene Wesertal.

Die anfangs durch das Calenberger Land geplante Nord-Süd-Autobahn wurde allerdings östlich von Hannover als A2 gebaut. Das hügelige Calenberger Land hatte sich zu seinem Vorteil als ungeeignet herausgestellt.

Doch die Gunstlage des Calenberger Landes hat auch ihre Spuren hinterlassen. Insbesondere die guten Böden wurden durch eine intensiv industrialisierte Landwirtschaft ausgelaugt. Vor allem der Zuckerrübenanbau hat seinen Teil beigetragen. In den 1980er Jahren schrieb Hauptmeyer, die Agrarlandschaft sei „monoton geworden. Die Dorfkerne sind Landwirtschaftsruinen. Als Kanal fließt die Ihme (...) Durch die Felder führen monoton gerade Traktorschnellwege. Ackerraine gleichen dem Zierrasen in Vorgärten."[103]

Kanalisierte Ihme bei Ihme-Roloven.

1980er Jahre.

Und auch der Blick auf das Wasser verschwand mit der Industrialisierung und ihren Begleiterscheinungen. Hans Werner Dannowski zitiert den Präsidenten der Wasser- und Schifffahrtsdirektion Mitte: „Hannover hat die Chancen der Urbanität eines Lebens am Wasser nie genutzt', sagt er. Dem Wasser abgewandt, hat sich die Stadt entwickelt. Tiefe anthropologische und weltanschauliche Entsprechungen gibt es: Das Fließen des Wassers wird zum Signal der Veränderbarkeit der Geschichte in der Zeit."[104]

Pflanzen an der Ihme

Klette mit Feuerwanze - Ohe

Baldrian - alte Tubbe

Jakobskraut - Mordsmühle

Weberkarde - Ohe

Karde - Ohe

Virginische Nachtkerze - Wehr

Johanniskraut - Schneller Graben

Blutweiderich - Mühlenwinkel

Kratzdistel mit Hummel -Ohe

Zaunwinde mit Hummel - Ohe

Weidenröschen - Kückenmühle

Meerrettich - Wehrwiesen

Wilde Möhre - Schneller Graben

Habichtskraut mit Biene - Ohe

Wilder Lattich - Ohe

Fast alle abgebildeten Pflanzen wurden als Nutzpflanzen eingesetzt. Entweder wird ihnen heilende Wirkung zugeschrieben: Johanniskraut als Antidepressivum, Baldrian bei nervöser Unruhe, Meerrettich gegen Verdauungsstörungen, Klette zur Wundheilung, Wilder Lattich als schmerzlinderndes Gift, Zaunwinde zur Abführung und das umstrittende und giftige Jakobskraut gegen Augenleiden. Oder sie wurden im Handwerk eingesetzt: Blutweiderich bei der Lederherstellung als Gerbmittel, Weberkarde in der Weberei zum Aufrauen von Wollstoffen. Oder als Lebensmittel: Ampfer für den Salat, Wilde Möhre als Wurzelgemüse, Meerrettich zum Würzen. *Fotos: Sieglinde Gardemin*

Feinstes Mineralwasser
In Wettbergen und Devese lässt es sich gut leben

Inzwischen zeigt sich ein erstes Umdenken, Flüssen wieder mehr Raum zu geben. Insbesondere der Ihme haben Renaturierungsmaßnahmen sichtlich gut getan, wie wir auf unserer Weiterfahrt sehen werden.

Mit Schwung geht es nun die Brücke hinab über den Hirtenbach in die Auen des Ihme-Tals. Der Hirtenbach mündet ein paar Meter weiter südlich, verdeckt von der Bundesstraße 3, in die Ihme. Der Hirtenbach ist für den Hochwasserschutz von besonderer Bedeutung. Das im Westen Wettbergens gelegene, mit 4,5 Hektar größte Rückhaltebecken der Region Hannover, hat Wettbergen zu einem beliebten Rastplatz für Zugvögel werden lassen.[105]

Rechter Hand des Hirtenbaches ist das Wohngebiet Zero:e in Wettbergen zu sehen, ein emissionsfreies Vorzeigeprojekt der Stadt Hannover. Wettbergen bedeutet „scharfer Berg", denn die höher gelegene Ortschaft befindet sich auf dem südlichen Hügelrücken des bis nach Linden langgestreckten Tönniesberges. Das Ihme-Tal zieht sich gemeinsam mit dem Hirtenbach in einem Bogen um den Tönniesberg. Der Hirtenbach ist das eigentlich prägende Gewässer Wettbergens, die Ihme läuft ein gutes Stück zwischen Wettbergen und Devese an den Feldern entlang. Den Hirtenbach ein Stück begleitend fahren wir bis zur Sportanlage des TUS Wettbergen und biegen dann scharf links in das Wettberger Holz, in dem der Wettberger Holzbach in die Ihme mündet. Auf einem sehr schönen Weg treffen wir dann wieder auf eine Ihme-Brücke.

An der Brücke befindet sich ein Holzpfahl, der auf Renaturierungsmaßnahmen der Gewässerrandstreifen der Ihme durch die Region Hannover verweist. Es wurden Erlen zur Uferbefestigung angepflanzt und die Uferzonen abgeflacht, damit Wassertiere im Fluss aufwärts gelangen können.

Fahrt ins Calenberger Land – Zwischen Roloven und Vörie.
Über die markante Kante im Deisterprofil, auch Katzenbuckel genannt, führte einst die Hannoversche Heerstraße.

Holzpfahl an der Ihme-Brücke am Wettberger Holz.

Die blauen Streifen stellen den Ihme-Verlauf im Maßstab 1:8000 dar.

Wir befinden uns nun für eine Weile auf einer gut gekennzeichneten Radwanderroute der Fahrradregion Hannover, die von Hannover in den Deister führt. Der Weg an den Feldrändern entlang führt in spitzem Winkel fast bis nach Devese und dann scharf rechts wieder Richtung Ihme.

Hier wurden auf der alten Tubbe, so das Flurstück zwischen Ihme und dem Waldstück Hengstmannsbusch, Heilquellen entdeckt. Anders als in Ricklingen, wo sich der Eiszeitkies im Leine-Bett abgelagert hat, findet sich hier der im Überschwemmungsgebiet der Ihme angeschwemmte Auelehm. Bei der Anlage von Tonkuhlen zur Gewinnung des Lehms für Baumaterial wurden im 19. Jahrhundert auf der alten Tubbe an der Ihme kohlensaure Quellen mit so guter Wasserqualität entdeckt, dass sie als Mineralwässer vermarktet werden konnten. Der Benther Salzstock zwischen Weetzen und Davenstedt wird seine Mineralien dem Quellwasser dazugegeben haben.

Da bereits in Hannover und anderen Städten ein Mineral- und Heilwasserboom im Gange war, versuchten sich hier Unternehmer aus Devese, Wettbergen und Bremen mit der Marke „Barbarossa-Brunnen" einen Namen zu machen. Der erste war wohl Eduard Baertling, der 1886 einen Brunnen bohrte und später die Quelle nach Bremen verpachtete.[106] Neben Mineralwässern verkaufte Baertling Mineralpastillen, deren Salz er aus der Quelle gewann. Nach jahrelangen Markenrechtsprozessen, in denen um Etiketten und Abkürzungen sowie in Bremen „arglistig" untergemischtes minderwertiges Wasser gestritten wurde, konnte sich der Barbarossa-Brunnen nicht mehr halten und es setzte sich ab 1894 unter neuem Namen das Gesundheitswasser „Lloydbrunnen" durch.[107] Eine Förderhalle mit Förderturm entstand. Das Wasser wurde über die Ihme von Linden nach Bremen geschifft und dort offensichtlich von der Reederei Lloyd in grünen Flaschen als „Perle der Quellen" und „Gesundheitswasser ersten Ranges" auf Kreuzfahrtschiffen angeboten.[108]

Mineralpastillen aus dem Wasser des Barbarossa-Brunnens.

Reste der Anlage sind heute zu Wohnhäusern umgebaut worden. Der Weg, den wir weiter entlangfahren, heißt immer noch Loydbrunnenweg ㊻, lediglich ein „l" ist über die Zeit verloren gegangen.

Der Regionalforscher Martin Stöber sieht einen Zusammenhang zwischen der guten Wasserqualität in den Dörfern und der Siedlungsentwicklung. Die auch in Trockenzeiten verfügbaren Trinkwasserbrunnen in den Dörfern entlang der Ihme seien eine wesentliche Vorbedingung für die Besiedlung der Ihme gewesen.[109]

Graupensuppe und Erdbeerkuchen
Ausflugszeit an der Ihme

Der Weg führt nun über einen aus Hengstmanns Busch kommenden Graben auf die Ihme zu und wird dann, an der Ihme entlanglaufend, zu einem besonderen Naturerlebnisweg, ausgestattet mit Informationstafeln. Im Zuge von Renaturierungsmaßnahmen der Region Hannover in Zusammenarbeit mit dem NABU Ronnenberg entstand im Jahr 2000 ein neuer Flussarm der Ihme. Auf einer kleinen Aussichtsplattform ㊼ kann man erkennen, wie die Natur über inzwischen Jahrzehnte den Flussraum neu erobert und gestaltet hat. Libellen, Uferschwalben, Eisvögel und Biber sind nicht nur hierher zurückgekehrt, sie erkunden auch die umliegenden Gehölze und Bäche und werden wieder heimisch. Der Biber ist von Linden bis zum Deister die gesamte Ihme entlang unterwegs. Am Hirtenbach stört er den Bachverlauf, in Linden an der Ihme-Mündung umzäunt die Stadt Hannover inzwischen die großen Uferbäume, damit sie nicht umgenagt werden, in Bredenbeck läuft einem Landwirt das vom Biber angestaute Wasser ins Maisfeld. Wer genau schaut, findet immer wieder Biberspuren an den Bäumen der Ihme-Böschung.

Trinkt Lloyd-Brunnen, Tafel- und Gesundheitswasser I. Ranges.

Ueberall zu haben.

Gesundheitswasser aus der Ihme-Aue bei Devese.

An diesem schönen Naturort findet sich über die nächste Ihme-Brücke hinweg die Kückenmühle ⑱. Wie die Mordmühle an der Landwehrschänke Ricklingen wird auch die Kückenmühle bereits im 14. Jahrhundert erwähnt. Sie wird 1330 als Neddermohle von den Rittern von Mandelsloh an den Ritter Heinrich von Knigge verkauft und wechselt dann über Jahrhunderte Namen und Besitzer. Neddermühle bedeutet im Calenberger Platt niedere Mühle, also eine flussabwärts liegende Mühle.

Im 16. Jahrhundert übernimmt der Müller Cord Priester die Gebäude. Die Mühle heißt nun Priestermühle. Im 18. Jahrhundert wird Kaspar Kücken Besitzer der Mühle und erweitert sie, ganz mit der Zeit gehend, um einen Graupenmahlgang. Aus der Bevölkerung wurde der Wunsch zunehmend hörbar „wir wollen auch feine Graupen in der Suppe essen, wie die Leute in Hildesheim und Paderborn."[110] 1929 lässt der letzte Müller, Heinrich Kücken, an dem heute zugeschütteten Mühlengraben ein Schwimmbad ausheben. Die Mühle gibt er auf. Ronnenberger Schülerinnen und Schüler nutzten die Badeanstalt gerne und es entsteht in der ehemaligen Mühle eine Gaststätte mit Beherbergungsbetrieb. Das Schwimmbad ist inzwischen verschwunden, das Restaurant hingegen als Ausflugslokal beliebter denn je. Wer auf der Ihme-Radtour Hunger bekommen hat, kann hier gut einkehren. Der Name des Lokals, zwei Mühlsteine und ein Zahnrad vor der Gaststätte erinnern an die Zeiten der Wassermühle. Und Gerstengraupen werden heute in der Kückenmühle auch wieder serviert, eine fast schon in Vergessenheit geratene Köstlichkeit.

Ehemalige Badeanstalt – Im Hintergrund die Kückenmühle.

Die Region Hannover würde hier gerne den wasserbegleitenden Weg an der Kückenmühle weiterführen, doch es fehlt der Zugriff auf die Grundstücke. Wir müssen daher von der Kückenmühle aus zum ersten Mal auf unserer Ihme-Tour unsere bislang autofreie Strecke verlassen und für ein paar Meter auf den Radweg der Landstraße nach Ihme-Roloven ausweichen. Natürlich ist auch ein Abstecher nach links zur Tonkuhle möglich, an der Bauer Fricke in der warmen Jahreszeit sehr leckeren Erdbeerkuchen in seinem See-Café ㊾ verkauft.

Ihmeinsel – Renaturierung an der Kückenmühle.

Ihme und Roloven
Eine Frage der Sitzordnung

Ihme-Roloven ist bereits seit Jahrhunderten ein Doppeldorf, nur durch den am Mühlenweg in die Ihme mündenden Kapellengraben getrennt. Das erste Dorf mit dem naheliegenden Namen Ihme ist ein parallel zur Ihme errichtetes Reihen-

Aufweitung der Ihme an der Kückenmühle.

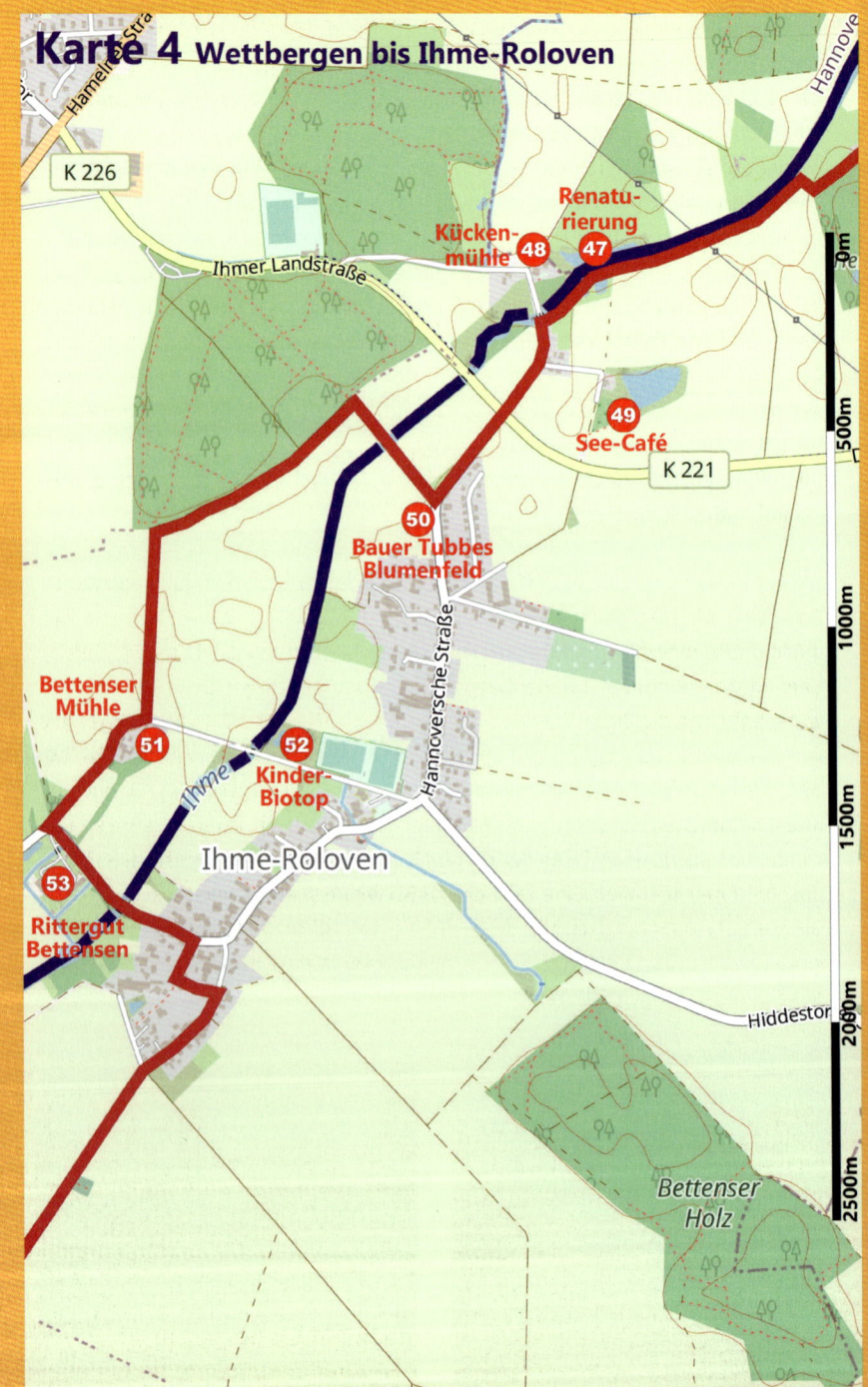

Karte 4 Wettbergen bis Ihme-Roloven

K 226

Hamelner Straße

Hannover

Ihmer Landstraße

Kücken-mühle **48**

Renatu-rierung **47**

0 m

See-Café **49**

K 221

500 m

Bauer Tubbes Blumenfeld **50**

Hannoversche Straße

1000 m

Bettenser Mühle

51 Ihme Kinder-Biotop **52**

1500 m

53

Ihme-Roloven

Rittergut Bettensen

Hiddestor

2000 m

Bettenser Holz

2500 m

dorf, der benachbarte Ort Roloven ein Haufendorf. Für eine Zeit hießen die zu-
sammengewachsenen Dörfer gemeinsam kurz und knapp nur Ihme. Der Name
des Nachbardorfes Roloven war der preußischen Landreform 1928 zum Opfer gefallen. „Den unfreiwilligen Zusammenschluss nahmen die beiden Orte mit Em-
pörung auf, schließlich hatten sie noch einen Monat zuvor in ihren Ausschusssitzun-
gen eine derartige Verbindung strikt abgelehnt. Die Ihmer meinten, ihnen würden
in einer Verbindung mit Roloven nur Nachteile entstehen. Die Rolover betonten,
dass sie außerdem von der Gemeinde Ihme scharf durch Grenzgräben getrennt
seien."[111] Also wurde 1961 aus beiden Dörfern die Bindestrichgemeinde Ihme-Roloven. Gleichzeitig haben beide Dörfer ihre Nähe aber auch genutzt, um größere
Gebäude wie Schule oder Kapelle nicht doppelt bauen zu müssen. Allerdings
setzten sich die Ihmer dann in der Kapelle auf die linke Seite. Auf der rechten Seiten saßen die Rolover. In der Schule hingegen wurde gemeinsam unterrichtet.[112]
Ihme-Roloven trägt für diese Feinheiten der Nachbarschaft sinnbildlich eine Waa-
ge und natürlich die Ihme im Ortswappen.

Wir verlassen an der Blumenwiese von Bauer Tubbe am Dorfeingang von Ihme-
Roloven 50 die Landstraße nach rechts. Bauer Tubbe verkauft hier Obst und Gemüse und wunderschöne Blumen zum selber pflücken aus dem Projekt „Calenberg blüht." Richtung Ronnenberger Holz überqueren wir auf einem Land-
wirtschaftsweg die Ihme, die hier 1980 im Zuge der Kreisstraßenverlegung in ein
gerades Kanalbett verlegt wurde. Die ehemals weite Uferböschung ist verschwunden, die Felder sind dicht an die Ihme herangerückt. Um 1900 floss sie noch in
ihrem natürlichen Flussbett 50 bis 80 Meter weiter nördlich. Hundert Jahre später
wurde die Ihme zumindest an der kleinen Brücke als naturnah angestauter Fluss-
abschnitt neu gestaltet. Eine Tafel des NABU verweist etwas versteckt hinter der
Brücke auf den Stauabschnitt, der sich für einen Blick auf das breite Wasser zu
entdecken lohnt. An warmen Sommertagen wird in dem etwas tieferen Wasser
des Stauabschnitts gebadet.

Tubbes Blumenwiese in Ihme.

Teichbiotop für Kinder an der Ihme bei Bettensen.

Wassermühlen prägen die Ihme
Der Puckelträger mahlt zuerst

Am Ronnenberger Holz entlang und durch die Felder geht unser Weg bis zum Mühlenweg. An dem aus Roloven kommenden Transportweg stehen noch mehrere Mühlsteine an dem ehemaligen Mühlengebäude der Bettenser Mühle 🔴.

Den Ort Bettensen gibt es nicht mehr, die Gebäude der Mühle sind der Rest der Ortschaft. Die Ihme floss hier einst auf die großen Mühlenräder, heute ist sie in Richtung Roloven verlegt.

Die Bettenser Mühle wurde auch Obermühle genannt, zur Unterscheidung von der Neddermühle weiter flussabwärts. Sie war noch bis 1970 im Dienst. Die Bettenser Mühle besaß immerhin drei Mahlgänge. Zum Vergleich: Die größte Leine-Mühle in Schulenburg bei Pattensen konnte in ihren produktivsten Zeiten elf Mahlgänge bedienen und dementsprechend Schrot, Feinmehl, Öl oder mittels Schälmahlgängen Graupen oder Grütze erzeugen. Die Wassermühle in Schulenburg wie auch die 1656 errichtete Holländerwindmühle auf dem Lindener Berg hatten Standesrechte, mit denen die Bauern des Calenberger Landes bis ins 19. Jahrhundert verpflichtet waren, ihr Getreide zu diesen Mühlen zu bringen. Das betraf aber nur die Bauern, die Vollmeier und Vollspänner mit den großen Höfen und entsprechenden Transportmöglichkeiten.

Nur die sogenannten Puckelträger, also Kleinbauern, Viertelmeier, Beibauern und Kötner, die keine Gespanne besaßen, also ihr Korn im Sack auf der Schulter tragen mussten, waren vom Mühlenzwang befreit und durften ihr Korn an den Wassermühlen der Ihme mahlen lassen. Sie sparten damit nicht nur den langen Weg bis auf den Lindener Berg, sie mussten sich auch nicht in die Schlange der Großbauern einreihen. Denn bei allen Mühlen galt die Regel: Wer zuerst kommt, mahlt zuerst.[113]

Ehemalige Wassermühle Bettensen.

Wer an der Mühle einen Abstecher in den Mühlenweg zur Ihme machen möchte, kann hinter der Ihme eine kleine Pause am „Kinderbiotop" ⑤ einlegen. Das Biotop lädt Jung und Alt in einem kleinen Park zum Verweilen ein und wurde an der Mündung des Kapellengrabens in die Ihme vom NABU angelegt.

Münchhausen an der Ihme
Eine wundersame Geschichte

Über den Bettenser Weg kommen wir nun zum Rittergut Bettensen ⑤, eigentlich ein Wasserschloss, das von der Ihme umspült wird. Wie das Rittergut in Ricklingen, der Edelhof, wurde das Rittergut Bettensen wahrscheinlich im 12. Jahrhundert angelegt. Seit 1765 ist es im Besitz der Freiherren von Münchhausen, die das Gut heute für feierliche Anlässe vermieten.

Auch der berühmte Lügenbaron, der Freiherr Hieronymus von Münchhausen (1720-1797), ist hin und wieder auf dem Gut seiner Familie in Bettensen zu Besuch gewesen. Er ritt dann von seinem Schloss in Bodenwerder im Weserbergland durch das Calenberger Land. Er war viel unterwegs, lebte zeitweise in Russland, Lettland und in Finnland. Seine weiten Reisen und sein Talent, Geschichten zu erzählen, führten dazu, dass er in Bodenwerder einen illustren Kreis an Zuhörern um sich scharte und sicherlich auch in Bettensen gern gesehener Gast und Erzähler war. Die Geschichten waren so zugeschnitten, dass die von Münchhausen vorgetragenen Erlebnisse zum Ende hin ins Abstruse abschweiften, jedoch immer noch gerade so innerhalb der Vorstellungskraft der Zuhörenden blieben. Zuhörer war wohl auch der Hannoveraner Bibliotheksschreiber und spätere Universalgelehrte Rudolf Erich Raspe, der sich eifrig Notizen zu diesen besonderen Geschichten machte, bereits kursierende Geschichten aufgriff und eine Sammlung an schillernden Geschichten unter dem Titel „Baron Munchhausen's Narrative of his Marvellous Travels and Campaigns

Münchhausens Entenflug.

Gemälde: Gottfried Franz, 19. Jh.

Rittergut Münchhausen - Wasserschloss im Fachwerkbarock in Bettensen.

in Russia" mit Erscheinungsort London veröffentlichte.[114] Teil der wundersamen Lügengeschichte war aber auch, dass das Buch gar nicht aus London kam, sondern in Göttingen gedruckt wurde und der Autor mitnichten der Baron von Münchhausen war. Raspe und der die Geschichten ins Deutsche übersetzende Gottfried Bürger waren mit den Münchhausen-Geschichten so erfolgreich, dass eine Neuauflage nach der anderen erschien, Erzählungen ausgeschmückt wurden, die Bücher in andere Sprachen übersetzt wurden und andere Autoren neue Münchhausen-Geschichten erfinden. Bis heute sind rund 4.000 Münchhausen-Ausgaben erschienen, die in über hundert Sprachen übersetzt wurden.
Insbesondere Kinder mochten die geflunkerten Geschichten sehr, ist doch die Auseinandersetzung mit Wahrheit, Ironie, Widerspruch und Utopie elementarer Bestandteil jeder persönlichen Entwicklung.

Der echte Baron Münchhausen war entsetzt, als Lügenbaron und Aufschneider verunglimpft zu werden. Er fühlte sich der Lächerlichkeit preisgegeben und hatte zudem nicht einmal Anteil an dem Bucherfolg. Dabei hätte der inzwischen 73-jährige einen Anteil an dem Verkaufserlös gut gebrauchen können, verarmt nach einem dreijährigen Scheidungsprozess gegen seine 20-jährige Frau.

Die Ihme im Wappen
von Ihme-Roloven.

Wir wissen nicht, wie viel sich von den phantasievollen Geschichten in Bettensen abspielte und wer noch alles in dem
schönen Wasserschloss zu Besuch war. Sicherlich kamen
die an der Ihme ansässigen Ritterfamilien von Alten, Knigge
und auch andere Gäste gerne einmal vorbei, sich hier mit
Blick auf den Ihme-Graben Geschichten anzuhören. Vielleicht die berühmte Lügengeschichte, in der der Baron, ein
erfahrener Jäger, auf dem Wasser vor dem Haus eine Schar
Wildenten entdeckte. Statt sie mit der Flinte zu verscheu-
chen, in der nur noch eine Patrone steckte, verließ Münchhausen den Mittagstisch mit etwas Speck, den er an einen Faden band. Und
schon schnappten sich die Enten, eine nach der anderen, den Speck. Die Enten
waren nun an der Schnur eine leichte Beute für den Baron, der sie fein säuberlich
aufgefädelt seinen Gästen präsentieren wollte. Doch plötzlich flatterten alle Enten auf und zogen Münchhausen an dem Faden in die Lüfte, wahrscheinlich einmal die Allee hinauf auf den Bettenser Berg. Mit seinem weiten Mantel konnte er
den Flug zum Glück dann doch noch steuern und brachte sich und die Enten über
den Schornstein des Rittergutes direkt dem Koch auf den Küchenherd. So könnte es sich am Ihme-Schlösschen zugetragen haben.

Wer hier viel vom späteren Wilhelm Busch wiedererkennt, liegt sicherlich richtig.
Busch, der seine Kindheit in Wiedensahl im nördlichen Calenberger Land verbrachte, wird die skurrilen Lügengeschichten gekannt und geliebt haben. Busch
nimmt Brot statt Speck, Hühner statt Enten, einen Apfelbaum und keinen Baron,
aber hinterher geht auch alles durch den Schornstein, nur in die andere Richtung.

Apropos Apfelbaum: Nördlich des Rittergutes erhebt sich von Ronnenberg aus
der langgezogene 91 Meter hohe Bettenser Berg, auf dem einst die Obstplantage
des Rittergutes lag, die sogar mit einem Tunnel vom Gut aus erreichbar war. Das
beliebte Ausflugslokal und die Brennerei sind längst verschwunden, nur die vom
Rittergut auf den Bettenser Berg führende Obstbaumallee ist noch geblieben.

Auf die Ihme und ihre Zuflüsse bezogene Wassernamen zwischen Hannover und dem Deister.

Ihmequelle Feldberg
Schneller Graben
Fischerhof Linden
Mühlenholzweg Wennigsen
Beekebrücke Ricklingen
Kothenser Graben
Ihmezentrum Linden
Seniebach Ricklingen
Weiße Beeke Bredenbeck
Mühlenweg Ihme-Roloven

Ihmequelle Steinkrug
Steinbeeke Bredenbeck
Fischerhof Linden
Ohestraße Calenberger Neustadt
Mühlenholzweg Wennigsen
Wennigser Mühlbach
Am Beekestrand Ricklingen
Deichtor Ricklingen · Kapellengraben Ihme-Roloven
Deichtor Ricklingen
Am Wehr Wennigsen · Ihmer Straße Wettbergen · Schneller Graben
Am Beekestrand Ricklingen
Wennigser Mühlbach · Mühlenwinkel Wettbergen · Bredenbecker Bach · Mühlenweg Ihme-Roloven
Auestraße Linden · Flutstraße Evestorf
Kückenmühle Ronnenberg
Hirtenbach Wettbergen · **Ohestraße Calenberger Neustadt** · Weetzener Graben
Mühlenholzweg Wennigsen
Ihmequelle Feldberg · Holtenser Bach · Steinbeeke Bredenbeck · Seniebach Ricklingen
Fährmannsufer Ihmemündung
Mühlenholzweg Ricklingen · **Ihmezentrum Linden** · An der Beeke Bredenbeck
Mühlenweg Vörie · Gelbe Beeke Bredenbeck · Flutstraße Evestorf
Beekestraße Ricklingen · **Seniebach Ricklingen** · Weetzener Graben
Fischerhof Linden · **Bredenbecker Bach** · **Beekebrücke Ricklingen**
Ihmequelle Steinkrug · Gelbe Beeke Bredenbeck · Fährmannsufer Ihmemündung
Schneller Graben · Holtenser Bach
Bredenbecker Bach · Mühlenfeld Hemmingen · **Hemminger Maschgraben**
Mühlenfeld Hemmingen
Ihmequelle Feldberg · **Wettberger Holzbach** · Holtenser Bach
Weiße Beeke Bredenbeck · Ohehöfe Calenberger Neustadt · Schneller Graben
Auestraße Linden · **Beeke-Stadion Ricklingen**
Schmanbeeke Holtensen
Ihmer Straße Wettbergen

Das Calenberger Land wandelt sich
Landflucht und Stadtflucht in Vörie

Die Ihme-Radtour führt links am Rittergut Bettensen vorbei über die Ihme nach Roloven. Wer den Immenweg findet, kann hier einen schönen Schlenker durch die Gassen des Ortes fahren. Rechter Hand geht es dann Richtung Vörie.

Die Ihme wird in diesem Abschnitt wieder Landwehr genannt und fließt mit zusätzlichem Wasser aus dem Weetzener Graben schnurgerade zwischen Bettenser Berg und Vörier Berg (148 Meter) durch die Felder. Der Vörier Berg steht gut sichtbar aber weit entfernt von Vörie und ist durch seine Höhe für Windräder geeignet. Einst drehte die Bassesche Holländerwindmühle auf der Holtenser Seite ihre Runden.[115]

Vörie ist eines der kleinen Calenberger Dörfer, das viel von seinem ursprünglichen Charakter bewahrt hat. Viele Höfe sind gut erhalten und Details wie Sandsteinpfeiler, deren eingravierte Jahreszahlen stolz vom Entstehungsdatum des Gehöfts zeugen, und der kleine restaurierte Feuerwehrturm zeugen von der Aufmerksamkeit der Menschen für die Substanz ihres Dorfes.

Mit der Landflucht in der ersten Hälfte des 20. Jahrhundert, als mit Maschinen und Dünger der Bedarf an Arbeit in der Landwirtschaft sank, entvölkerten sich auch die Dörfer im Calenberger Land. Dörfer wie Vörie, die nicht an die Deisterbahn angebunden waren, waren noch stärker betroffen. Mit der Fluchtbewegung im zweiten Weltkrieg und der Nachkriegszeit veränderte sich die Bevölkerungsstruktur wieder. Im Calenberger Land waren 33 Prozent der Haushalte Flüchtlingshaushalte. In Vörie kamen 1956 sogar die Hälfte der Menschen in den 106 Haushalten des Dorfes aus ehemals deutschen Gebieten östlich von Oder oder Neiße oder aus der DDR. Nur in 26 Haushalten lebten noch angestammte Bauernfamilien.[116]

Heute wird wieder viel investiert, auch in alte Substanz. Immer stärker wird der Zuzug von Städtern, auch von jenen, die Hannover in Reichweite mit dem Rad für sich entdeckt haben. Mit dem E-Bike lässt sich in einer guten halben Stunde Hannover erreichen. Die Beschäftigung mit der eigenen Historie, die Lage an einem Gewässer wie der Ihme und die Entwicklung von neuen Lebens- und Mobilitätsmodellen lassen vormals ungesehene Dörfer wie Vörie, Ihme und Roloven wieder in den Blickpunkt rücken.

Karte 5 Ihme-Roloven bis Vörie

Weetzen

S-Bahnhof
Weetzen

Weetzen

K 221

Münchhausenstraße

0m

500m

1000m

1500m

2000m

500m

Vörier Straße

Stapel-
Teiche

57

Ihme

Ihme-Umfluter

Wasserbüffel-
Aue

56

Weizenmühle

55

1000jährige Eiche

54

Vörie

Ihme

K 228

Linder

Wennigsen (Deister)

Ewiges Leben an der Ihme
Die tausendjährige Eiche

Der erste wichtige Halt in Vörie ist an der 1000-jährigen Eiche ●, die auch das Dorfwappen schmückt. Sie scheint unverwüstlich zu sein, selbst das Feuer nach Blitzeinschlag im Jahr 2014 und erneuter Blitzeinschlag 2019 konnten ihr kaum etwas anhaben. Wahrscheinlich hat der gute Lössboden der Ihme-Aue, aus dem sie mit ihren tiefen Pfahlwurzeln das mineralhaltige Wasser aufsaugt, seinen Teil zum langen Leben beigetragen. Heute existieren schätzungsweise noch 25 Bäume in Niedersachsen, die ein Alter von 300 Jahren oder mehr aufweisen. Auch wenn es eine Diskussion um das genaue Alter der 1000-jährigen Eiche von Vörie gibt, ist es doch ein besonderes Erlebnis, hier vor dem ältesten und mächtigsten Baum weit und breit zu stehen. Der Stammumfang des Naturdenkmals misst rund acht Meter, die Krone weitet sich auf 18 Meter.[117]

Die Voraussetzungen für ein weiteres langes Leben sind gut, so eine internationale Expertengruppe, die den Baum 2019 begutachtete. Zwischen zwei Gebäuden geschützt und gegen die fallenden Westwinde des Deisters mit Zugholz gesichert, steht sie hier in Vörie an einem guten Ort. Es verwundert allerdings etwas, dass ein so besonderer Baum, der andernorts eine ganz andere Beachtung fände, an dem Ehrenfeste gefeiert und Sagen erzählt werden müssten oder an dem eine Gastwirtschaft ganzjährig von dem Naturereignis profitieren könnte, hier in Vörie verhältnismäßig unbeachtet stehen kann. Aber vielleicht ist das ja das Geheimrezept für ein hohes Alter, wenn nur die Hühner rund um den Stamm den Boden auflockern und nicht jeden Tag Blitzlichtgewitter den Gang der Dinge stört.

1000-jährige Eiche von Vörie.

Da jedoch kein Reiseführer ohne Superlative auskommt, muss es an die-

Hühnerhaltung an der 1000jährigen Eiche von Vörie.

Wassermühle Vörie.

Die „Vismühle" wurde über der Ihme gebaut.

ser Stelle doch gesagt werden: Die 1000-jährige Eiche von Vörie ist das älteste und größte Lebewesen in der gesamten Region Hannover und wahrscheinlich auch weit darüber hinaus!

Eher dem Verfall preisgegeben ist die alte Mühle **65**, die sich an der Landwehrstraße am Ortsausgang befindet. Etwas Hoffnung macht die Region Hannover, die das denkmalgeschützte Gebäude im Kontext weiterer Renaturierungsmaßnahmen an der Ihme gerne erhalten würde. Die Wassermühle Vörie ist erstmals 1274 als Vismühle, was vermutlich Wiesenmühle meinen sollte, erwähnt.[118] Die Mühle hatte einen Ölmahlgang, der später zur Verarbeitung von Weizen umgebaut wurde. Ursprünglich wurde im Calenberger Land kein Weizen angebaut, nur Roggen, Hafer und Gerste. Sie wird daher heute auch Weizenmühle genannt. Das heute leerstehende Mühlengebäude wurde Ende des 19. Jahrhunderts errichtet und hatte einen unterschlächtigen Antrieb. Anders als bei den am Wennigser Mühlbach noch erkennbaren Mühlen, lief das Wasser nicht von oben auf das Mühlrad, sondern floss antreibend unter ihm hindurch. Bei der Wassermühle Vörie floss die Ihme in zwei parallelen Wasserdurchlässen durch das Gebäude, so konnten zwei Mühlräder angetrieben werden. Um die Wasserkraft zu verbessern, wurde die Ihme vor der Mühle über einen höher liegenden Damm geführt.

Stapelteiche bei Weetzen.

Renaturierte Schlammbecken
der Zuckerrübenverarbeitung.

Big Five an den Stapelteichen
Die Büffel sind zurück

Heute fließt kein Wasser mehr an der Vörier Mühle, das Wasser der Ihme wird um die Mühle herumgeleitet. Durch diese Ausweitung der Ihme ist eine wunderschöne Auenlandschaft entstanden 96. Mit etwas Glück sehen wir die Wasserbüffel, die sich in der Ihme abkühlen oder ein Schlammbad in einem der angelegten Tümpel nehmen. Im Sommer schauen die Störche von ihrem Nest aus zu. Wenn die Wasserbüffel nicht in Vörie sind, sind sie wahrscheinlich etwas weiter auf unserer Tour westwärts zwischen Sorsum und Wennigsen.

Die Ihme ist 2011 hier bei der Wassermühle Vörie über einen Umfluter nach Norden umgeleitet worden, um die kanalisierte Ihme rückzubauen und das Gefälle des Mühlendamms aus dem Flusslauf herauszunehmen. Fische können durch den Fortfall der Barriere jetzt wieder staustufenfrei vom Atlantik bis in den Deister wandern. Die Wasserbüffel sorgen dafür, dass die Uferbereiche der Ihme flach gehalten und Uferbewuchs weggebissen wird, so dass das Wasser in die Wiesen fließen kann. Wasserbüffel waren in fernen Zeiten einmal in Mitteleuropa weit verbreitet und fügen sich hier sichtbar gut in die Landschaft ein. Das ganze Projekt resultiert aus einer Wasserrückhaltemaßnahme, die aus dem Ausbau der Ortsumgehung Evestorfs hervorgegangen ist.

Ehemalige Zuckerrübenfabrik in Weetzen.

Wer die Besonderheit dieses unerwarteten Ortes mit den Wasserbüffeln und der sich überlassenden Natur zusätzlich erkunden möchte, macht hinter der umgefluteten Ihme einen kleinen Abstecher nach rechts zu den Stapelteichen 57. Etwas versteckt finden sich zwei Zugänge rechts des Weges zu den Beobachtungsstationen, der Gert-Wiedemann-Hütte und der Willi-Elies-Hütte. Von den Beobachtungsstationen aus lassen sich das ganze Jahr über hervorragend vor allem Vögel beobachten, die zwischen Erlen und Pappeln an mehreren Teichen Nahrung und Schutz suchen.[119]

Hier finden sich die Big Five der Stapelteiche: Büffel, Graureiher, Storch, Bussard und vielleicht sogar ein Laubfrosch, der die Fußabdrücke der Büffel in der Wiese als Tümpel nutzt.

Die Stapelteiche, die hier oberhalb der Ihme angelegt sind und mit Ihme-Wasser befüllt wurden, dienten einst als Absetzbecken der Zuckerfabrik Weetzen. Die Früchte des ertragreichen Lössbodens des Calenberger Landes wurden in den mit Dämmen eingehegten Teichen gewaschen und die Würzelchen und Blattrückstände der Rüben in die Teiche eingeschlemmt. Das nährstoffreiche Wasser des Rübenschlamms wurde dann zurück in die Ihme abgelassen und hatte einen so hohen Dungwert, dass Fische und andere Lebewesen in der Ihme nach der Rübenernte im Herbst, bei der alle Landwirte ihren Rübenertrag nach Weetzen in die Zuckerfabrik fuhren, regelmäßig keine Überlebenschancen mehr hatten.

Nachdem die Zuckerfabrik in den 1980er Jahren ihren Betrieb nach hundert Produktionsjahren einstellte, konnte sich die Ihme wieder sichtbar erholen. Und auch der Holtenser Bach, genannt Kuhlbeeke, trägt dazu bei, dass in der Ihme wieder klares Wasser fließt. Seit 2002 wird das gesamte Abwasser Wennigsens und der umliegenden Dörfer durch die Kläranlage an der Mündung des Holtenser Baches, der vom Süllberg (198 Meter) aus in die Ihme fließt, gereinigt. Die lange Zeit der Ausbeutung der Ihme als Abwasserkanal geht damit hoffentlich einem Ende zu, auch wenn es noch Anstrengung benötigt, die Folgen der Verschmutzung

Wasserbüffel am Ihme-Umfluter bei Vörie und an den Stapelteichen.
Fotos: Heike Köhn

Von der Ihme brauchen wir eigentlich nichts zu erzählen. Reißend und sumpfig zugleich, voll von Wirbeln und Drehkuhlen, faulen Bäumen, Pfählen und Klötzen, stinkend von den Flachsrotten der Anwohner.
Wilhelm Raabe, Schriftsteller, 1874

Leinenherstellung aus Flachs.
Heimatstube Bredenbeck.

zu beseitigen. Die ökologische Bewertung zeigt, dass noch eine Menge getan werden muss (siehe Kasten rechts).

Die Verschmutzung begann ja nicht erst mit der Industrialisierung. So wurden schon vor Jahrhunderten in den Rottekuhlen bei Evestorf und Bredenbeck Flachshalme wochenlang zum Verfaulen gebracht, um anschließend aus den fermentierten Fasern Leinengewebe gewinnen zu können. Das Wasser der Flachsrotten wurde über die Ihme entsorgt. In den Krähenfelder Geschichten berichtet der aus dem Weserbergland stammende Schriftsteller Wilhelm Raabe seinen Eindruck von der Ihme im 19. Jahrhundert: „Von der Ihme brauchen wir eigentlich nichts zu erzählen. Reißend und sumpfig zugleich, voll von Wirbeln und Drehkuhlen, faulen Bäumen, Pfählen und Klötzen, stinkend von den Flachsrotten der Anwohner und überall sehr trübe, lassen wir sie laufen und sagen nur noch, dass auch ihre schlechten Eigenschaften die arme Leine auf ihre Rechnung zu nehmen hat, nachdem sie, die Ihme oder der Ricklinger Bach, vom lieblichen Deister heruntergekommen ist, die freundlichen Dörfer Bredenbeck und Vörie und die Landwehrschenke im Amt Kalenberg passiert und gleichfalls ihre Sehnsucht nach der Stadt Hannover befriedigt hat."[120]

Die aus dem Flachs gewonnenen Leinenstoffe waren eine begehrte Ware. Sie wurden von hannoverschen Händlern über Bremen bis nach London verkauft. Im 18. Jahrhundert wurde der Leinenhandel der wichtigste Gewerbezweig im Kurfürstentum Hannover. Im Calenberger Land überwog allerdings die Produktion für den Eigenbedarf.[121]

Gewässerstruktur und -qualität der Ihme

**Chemischer Zustand: schlecht, Überschreitung durch Quecksilber,
Ökologischer Zustand: unbefriedigend, Fischbestand: unbefriedigend**

Klasse	Grad der Veränderungen	Kurze Beschreibung
1	unverändert	Die Gewässerstruktur entspricht dem potenziell natürlichen Zustand.
2	gering verändert	Die Gewässerstruktur ist durch einzelne, kleinräumige Eingriffe nur gering beeinflusst.
3	mäßig verändert	Die Gewässerstruktur ist durch mehrere kleinräumige Eingriffe nur mäßig beeinflusst.
4	deutlich verändert	Die Gewässerstruktur ist durch verschiedene Eingriffe z.B. in Sohle, Ufer, durch Rückstau und/oder Nutzungen in der Aue deutlich beeinflusst.
5	stark verändert	Die Gewässerstruktur ist durch Kombination von Eingriffen z.B. in die Linienführung, durch Uferverbau, Querbauwerke, Stauregulierung, Anlagen zum Hochwasserschutz und/oder durch die Nutzungen in der Aue beeinträchtigt.
6	sehr stark verändert	Die Gewässerstruktur ist durch Kombination von Eingriffen z.B. in die Linienführung, durch Uferverbau, Querbauwerke, Stauregulierung, Anlagen zum Hochwasserschutz und/oder durch die Nutzungen in der Aue stark beeinträchtigt.
7	vollständig verändert	Die Gewässerstruktur ist durch Eingriffe in die Linienführung, durch Uferverbau, Querbauwerke, Stauregulierung, Anlagen zum Hochwasserschutz und/oder durch die Nutzungen in der Aue vollständig verändert.

Die Gewässerstruktur der Ihme ist nach der Detailstrukturgütekartierung 2016 zum größten Teil stark (40% Strukturklasse 5 von 7) bis sehr stark (19% Strukturklasse 6 von 7) verändert. Das Gewässerbett ist ausgebaut, über weite Strecken stark eingetieft und das Sohlsubstrat ist beeinträchtigt. Der Fließgewässerabschnitt der Ihme im Ricklinger Holz bis zum Freibad Ricklingen weist dagegen mit teilweise Strukturklasse 3 von 7 und Strukturklasse 4 von 7 abschnittsweise eine etwas bessere Strukturgüte auf. Die Aue der Ihme ist zu einem sehr großen Teil von intensiver landwirtschaftlicher Nutzung bis an den Rand des Fließgewässers geprägt. Durchgehende Uferrandstreifen fehlen meist, ein beschattender Ufergehölzsaum ist zum Teil nur lückig vorhanden. Maßnahmen zur Verbesserung der Gewässerstruktur verbunden mit einer Reduktion stofflicher Einträge lassen mittelfristig eine Aufwertung der Biozönosen (Lebensgemeinschaften) erwarten. Priorität muss dabei die Flächenverfügbarkeit hergestellt werden, um die empfohlenen Maßnahmen umsetzen zu können. In den Siedlungsbereichen ist eine Reduzierung des Ausbaugrades anzustreben. Sofern die Voraussetzungen für eine eigendynamische Entwicklung nicht geschaffen werden können, sind Vitalisierungsmaßnahmen im vorhandenen Profil umzusetzen. Auf den letzten 3 Kilometern vor der Einmündung in die Leine nimmt die Ihme über den schnellen Graben Wasser aus der Leine auf, so dass sich der Abfluss erhöht. Eventuelle Hochwasserspitzen können durch Vitalisierungsmaßnahmen in der Leineaue südlich von Hannover reduziert werden. Im Stadtgebiet von Hannover können zudem signifikante Misch- und Regenwassereinleitungen in die Vorflutsysteme vorkommen und so den Abfluss noch zusätzlich erhöhen. Ggf. sind Maßnahmen zur Wasserrückhaltung in urbanen Gebieten zu treffen.

Niedersächsisches Ministerium für Umwelt, Energie, Bauen und Klimaschutz (Hg.) 2016: Umweltkarten Niedersachsen, 21079 Ihme https://www.umweltkarten-niedersachsen.de/Download_OE/WRRL/WKDB_HE/21079_Ihme.pdf

Hildesheimer Stiftsfehde.

Auf der im Jahr 1591 von Johannes Krabbe angefertigten Karte lässt sich eindrucksvoll erkennen, wie viele Dörfer im Calenberger Land am „Ihmefluß" niedergebrannt wurden.

Wüstungsphasen
Verschwundene Dörfer

Unser Weg führt nun nach Westen fast unbemerkt über den schmalen Kothenser Graben, der hier in die Ihme mündet. Das Dorf Kothensen, einst zwischen Vörie und Evestorf gelegen, existiert wie auch das Dorf Bettensen nicht mehr. Diese Dörfer sind „wüst gefallen". Pestzeiten, Kriege oder Klimaveränderungen waren Gründe für die Aufgabe vor allem der kleinen Siedlungen oder Weiler. Die kleinsten Orte verschwanden, die Menschen zogen in andere Gegenden, in denen die Dörfer durch den Zuwachs größer und stattlicher wurden. „Wüstungsphasen", so Martin Stöber, „machten viele der ländlichen Siedlungen erst zu Dörfern."[122]

Zudem setzten kriegerische Auseinandersetzungen den Dörfern zu. So auch, als die Rittergüter des Calenberger Landes mit ihren Ländereien eine Stärke erreichten, die Begehrlichkeiten des einst mächtigen Hildesheimer Klerus weckten. Das Hochstift Hildesheim war zu Beginn des 16. Jahrhunderts in finanzielle Schwierigkeiten gekommen. Ausgaben stiegen und zu viel Land wurde mit zu wenig Zins verpachtet. Also forderte Hildesheim verpachtete Flächen zurück, die von den Calenberger Rittergütern und von anderen Adeligen des Herzogtums Braunschweig-Wolfenbüttel bewirtschaftet wurden. Nach der Weigerung der selbstbewussten Ritterschaft, ertragreiche Güter abzugeben, kam es zwischen 1519 und 1523 zu mehreren Schlachten, in denen etliche Dörfer im Calenberger Land verwüstet wurden. So auch mehrere Dörfer an der Ihme, wie Wettbergen, Ihme und Roloven. Welche Funktion die Ihme als Landwehr hatte, lässt sich daran erkennen, dass die Brandschatzung nicht bis Hannover reichte. Die Dörfer nördlich der Ihme blieben verschont. Nicht verschont blieben allerdings Ricklingen und Wettbergen. Der Übertritt über die Ihme

Aal

Aland

Bachneunauge

Barbe

Bitterling

Brasse

Döbel

Dreistachliger
Stichling

Elritze

Flussbarsch

Flussneunauge

Gründling

Güster

Hasel

Hecht

Kaulbarsch

Mühlkoppe

Moderlieschen

Quappe

Plötze

Bachforelle
(nur oberer Wennigser Mühlbach)

Schleie

Steinbeißer

Ukelei

Fischvorkommen
Ihme und Quellbäche

10 der 34 Arten der Fischgemeinschaft Leine-Innerste-Ihme sind noch nicht wieder in der
Ihme anzutreffen: Brasse, Karausche, Lachs (vereinzelt), Meerforelle, Meerneunauge,
Neunstachliger Stichling, Rotfeder, Schlammpeitzger, Schmerle, Zährte

Quellen: FFH-Verträglichkeitsuntersuchung, in: Stadtwerke Hannover AG. 2016: Wasserrechtliches Erlaubnisverfahren Kraftwerk
Herrenhausen und Heizkraftwerk Linden, Oldenburg sowie Public-Domain https://pixnio.com/de/ u.a.

Schleichweg zwischen Vörie und Evestorf.

wird an der Mordmühle (Mortmül) stattgefunden haben.

Die Hildesheimer gewannen zwar die Fehde militärisch und nahmen Erich von Calenberg gefangen, doch Kaiser Karl V., den Welfen nahestehend, ordnete die Rückgabe aller beschlagnahmten Gebiete an.[123]

Ein nächster großer Einschnitt für die Dörfer an der Ihme war der Dreißigjährige Krieg, in dem die Truppen von Feldherr Tillys nicht nur den Edelhof in Ricklingen besetzten, sondern von Ronnenberg aus auch die Priestermühle (Kückenmühle) plünderten. Der Überfall im Januar 1639 brachte viel Unglück über die Menschen. Das einschneidende Ereignis ist auf Papier festgehalten worden: Es „kam ein zügelloser Trupp ins Dorf Ronnenberg. Keine rechten Soldaten, Plünderer, Schnapphähne waren es. Wars Zufall oder waren sie nach der Priestermühle gewisen worden? Lärmen und Schießen hörte man, und dann stieg blutigrot die Flamme hoch. Anderntags fand man den Alten und seine Frau erschlagen bei den Trümmern ihres einstigen Wohlstandes. Der Sohn lag besinnungslos daneben."[124]

Dabei war die Bevölkerung bereits zuvor geschwächt, hatte in und um Hannover 1624 und 1636 auch noch die Pest gewütet. 1757 kamen dann im Siebenjährigen Krieg die Franzosen südlich um den Deister ins Calenberger Land und schlugen zwischen Bredenbeck und Holtensen ihr Lager mit 40.000 Mann auf, bevor sie nach Hannover zogen.

Vorsicht: Kopf einziehen
Ein Schleichweg durch das Tunnelgewölbe

Wir wenden den Blick aus der Vergangenheit wieder auf die Schönheit der sich durch die Aue schlängelnden Ihme. Idyllisch wird der Weg an der Büffelwiese entlang auch dadurch, dass sich hier an der renaturierten Ihme ein unbefestigter Schleichweg nach Evestorf entwickelt hat. Aber keine Sorge, nach fünfhundert Metern weist er wieder eine asphaltierte Fahrbahndecke auf. Nur bei feuchtem Wetter muss abgestiegen werden.

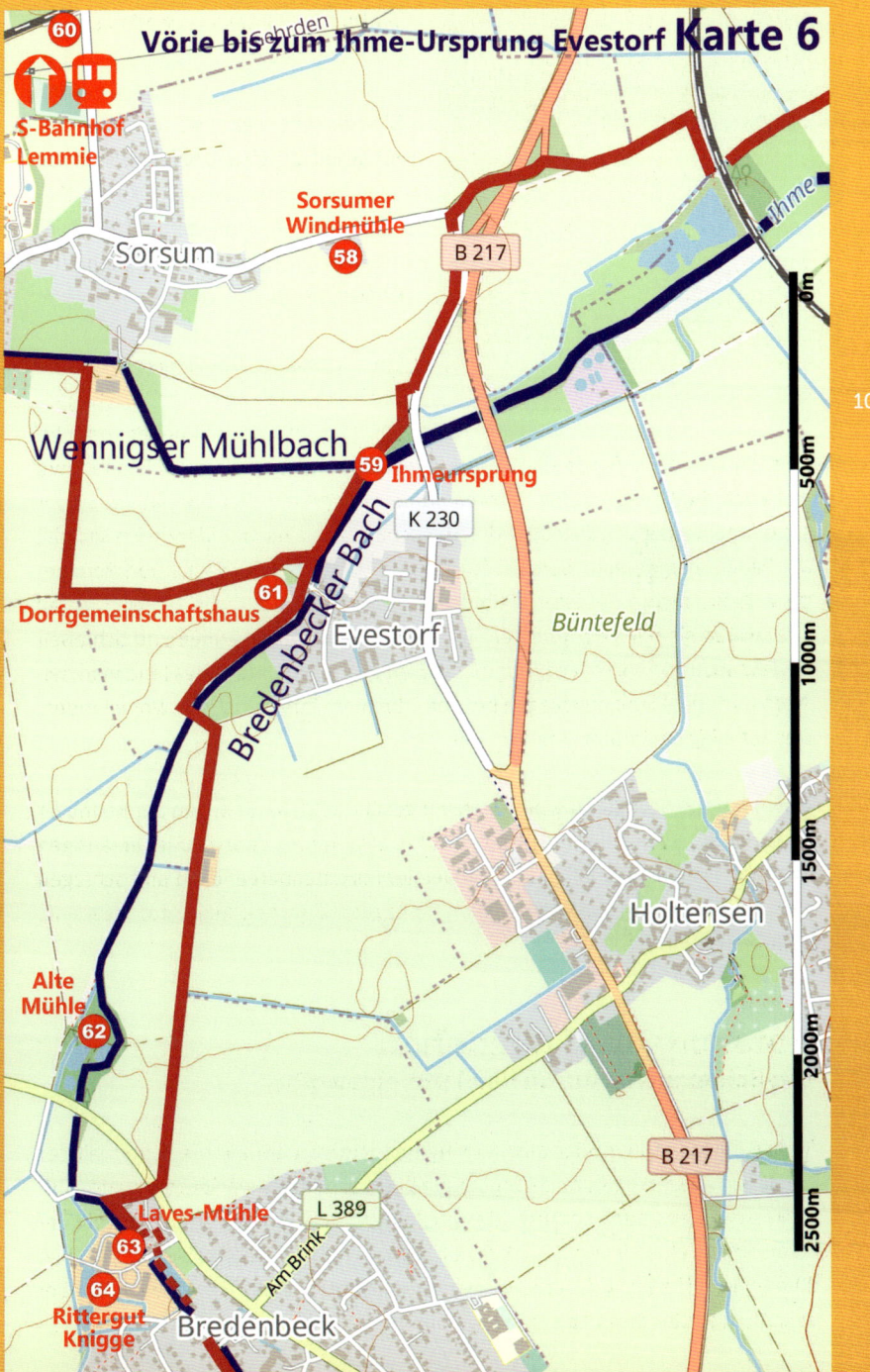

60

S-Bahnhof Lemmie

Sorsum

Wennigser Mühlbach

Sorsumer Windmühle

58

B 217

Ihme

0m

500m

Dorfgemeinschaftshaus

61

59 Ihmeursprung

K 230

Evestorf

Bredenbecker Bach

Büntefeld

1000m

1500m

Holtensen

Alte Mühle

62

2000m

B 217

2500m

Laves-Mühle

L 389

63

Am Brink

64

Rittergut Knigge

Bredenbeck

Wir gelangen auf diesem Feldweg an einen kleinen und niedrigen Tunnel aus dem 19. Jahrhundert, der einst als schrankenfreier Durchgang unter der Bahnstrecke nach Altenbeken genutzt wurde. Hinter dem Tunnel geht es scharf rechts und dann wieder links auf einen landwirtschaftlichen Weg, der über die Brücke der Hamelner Chaussee führt.

Dieser etwas ungewöhnliche Weg, der gerne in Zukunft als Radwegverbindung ertüchtigt werden könnte, ist dem Umstand geschuldet, dass die Jahrhunderte alte Verbindung nach Evestorf, der „Vörier Wegk", bei dem Ausbau der Hamelner Chaussee zur Schnellstraße einfach ersatzlos durchschnitten wurde.[125]

Haben wir es über die Schnellwegbrücke geschafft, sehen wir linker Hand bereits Evestorf, der Ort, in dem die Ihme ihren Ursprung hat. Rechter Hand steht auf der Anhöhe von Sorsum eine Windmühle 58, die einst den Wassermühlen der Ihme Konkurrenz machte.

Auf der durch Evestorf führenden Chaussee, die hier Hannoversche Straße heißt und früher als Damm durch die sumpfige Niederung zum Deister führte,[126] biegen wir noch vor dem Ortseingang leicht rechts ab und gelangen auf den Kalkbahnweg. Hier fuhr eine von Knigge errichtete Schmalspurbahn von Weetzen zum Kniggeschen Kalkwerk in Bredenbeck und zurück.

Die Schmalspurstrecke, die nur von eine Lok mit dem Namen „Bredenbeck" befahren hat, wurde nach Schließung des Kalkwerks zu einer Rübenbahn umfunktioniert und nach 1951 rückgebaut. Der kaum noch zu erkennende Bahndamm der alten Kalkbahn wurde zu einer der ersten Fahrradrouten der Region Hannover umfunktioniert, auf der wir jetzt direkt zu unserem ersten Ziel gelangen, dem Ihme-Ursprung 59 in Evestorf.

Wer sich auf dem Weg zum Ihme-Ursprung umschaut, kann vielleicht ausgeschachteten Altkreideton finden. Unter dem dicken Lössboden der Deistermulde zwischen Hannover und Deister kommt der auffällig blaugraue Kalk aus der älteren Kreidezeit immer mal wieder zum Vorschein. Ammonshörner mit Perlmuttglanz und andere Versteinerungen finden sich in den Tonschichten.[127]

Ihme-Ursprung.

Zusammenfluss von Bredenbecker Bach und Wennigser Mühlbach in Evestorf. Mit Ihme-Stein.

Radierung: Ilse Gottwald 2009

Ihme-Ursprung
Wir müssen uns entscheiden

Am Ihme-Ursprung 🟠 fließen Wennigser Mühlbach und Bredenbecker Bach zur Ihme zusammen. Der Zusammenfluss ist die Schmalstelle zwischen Sorsumer Mühlenberg und Vörier Berg, an der sich die Ihme durchzwängt. Die Ihme liegt hier ganze 20 Meter höher als an ihrer Mündung in die Leine.

Der Ihme-Ursprung wurde 2008 am Zusammenfluss der Bäche mit einem drei Tonnen schweren Sandstein markiert, dem Ihme-Stein. Auf ihm eingraviert sind der Wennigser Mühlbach, der Bredenbecker Bach und die Ihme in Form eines Ypsilons, wie sich der Zusammenfluss symbolisch auch im Wappen von Evestorf wiederfindet.

Aus dem Ortsrat Evestorf wurde die Idee der Sichtbarmachung des Ihme-Ursprungs an den Verkehrs- und Verschönerungsverein Wennigsen herangetragen, um ein Bewusstsein für den Entstehungsort der Ihme zu wecken. Zu lange war die Ihme aus dem Blick verschwunden, war immer wieder verlegt und für Abwässer genutzt worden, hatte an Bedeutung verloren und durch ihre wechselnden Namen, mal Beeke, mal Landwehr, auch keine richtige Identität gefunden.

Der Initiative um Ortsrat Horst Schmiedchen ist zu danken, mit dem Ihme-Stein die Ihme wieder stärker ins Bewusstsein gerückt zu haben. Horst Schmiedchen erzählt mir, wie er auch Kritik einstecken musste, denn in Teilen der Bevölkerung hielt sich die Vorstellung, es mit der Landwehr oder der Beeke zu tun zu haben und nicht mit der Ihme. Auch habe der Zusammenfluss des Bredenbecker Bachs und des Wennigser Mühlbachs doch vor der Flurbereinigung fünfhundert Meter weiter Richtung Vörie gelegen.[128] Schmiedchen berichtet, dass die Ihme von hier bis Hannover sogar schiffbar sei. 1973 seien zwei Bredenbecker bei hohem Wasserstand mit ihren Kanus von Evestorf nach Hannover gefahren.[129]

Wer hier seine Tour beenden möchte, kann durch Evestorf hindurch über Vörie nach Hannover zurückfahren oder im benachbarten Lemmie 🟠 die S-Bahn nehmen, die in zwanzig Minuten wieder in Hannover ist. Wer noch die Ihme-Quellen und die schönen Details auf dem Weg zu den beiden Deisterbächen entdecken möchte, muss sich jetzt für ein Gewässer entscheiden.

Ihme-Ursprung in Evestorf.

Alte Mühle.

Fachwerkgebäude der ehemaligen unteren Mühle bei Bredenbeck

Wer sich nicht entscheiden kann, kann einfach der Beschreibung auf der nächsten Seite weiter folgen und die Route am Bredenbecker Bach nach Bredenbeck aufnehmen. Der Weg am Wennigser Mühlbach entlang nach Wennigsen wird ab Seite 122 beschrieben.

Bredenbecker Bach
Das vornehme Wasser

Vom Ihme-Ursprung aus fahren wir weiter auf dem ehemaligen Kalkbahnweg am Bredenbecker Bach entlang. Am Dorfgemeinschaftshaus 🔴 von Evestorf, an dem mit kleinen Kindern an einem Spielplatz Halt gemacht werden kann, wird der Kalkbahnweg schmaler. Wir bleiben aber auf ihm. Linker Hand wurde der Bredenbecker Bach zwischen 1937 und 1950 aufgestaut und als Badeanstalt genutzt.[130]

An der nächsten Brücke, an der der Argestorfer Bach in den Bredenbecker mündet, ist der Weg höchstens noch zu Fuß weiter zu erkunden, so dass wir nach links abbiegen müssen. Über die Brücke fahren wir auf den Süderweg, von dem aus uns der Deister mit seinem über Bredenbeck thronenden 310 Meter hohen Kalenberg bereits ganz nah erscheint. In den Bredenbecker Bach mündet hinter Evestorf die Schmarnbeeke, die von Osten aus Holtensen kommt, und wir merken, dass der aus Ricklingen bekannte Name der Beeke wieder auftaucht.

Bredenbecker Bach bei Evestorf.

In einem kleinen Wäldchen rechts von unserem Weg von Evestorf nach Bredenbeck befinden sich einige Gebäude und drei alte Mühlteiche der ehemaligen unteren Mühle am Bredenbecker Bach. Sie wird Alte Mühle 🔴 genannt und ist bereits seit über hundert Jahren nicht mehr im Betrieb.

Vor der Mühle mündet die aus dem Deister vom Kalksteinbruch kommende Steinbeeke in den Bredenbecker Bach. Die Steinbeeke entwässert gemeinsam mit der Gelben Beeke, auch Eisenbeeke genannt, das Gebiet des alten Kniggeschen Kalksteinbruchs, der sich rund fünfhundert Meter von hier im Deister befindet. Vom Steinbruch fuhren zwei Hanomag-Dampflo-

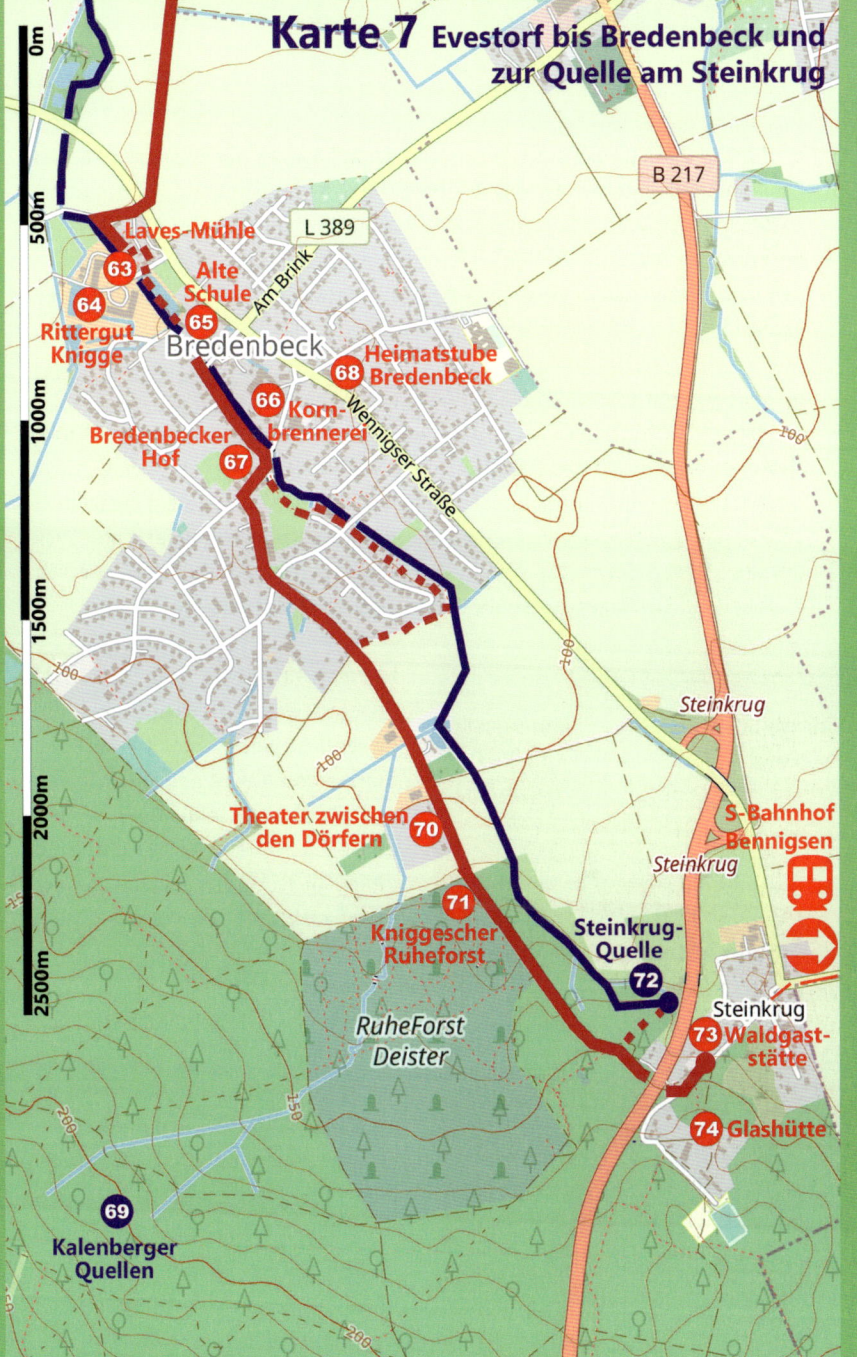

Karte 7 Evestorf bis Bredenbeck und zur Quelle am Steinkrug

0m

500m

1000m

1500m

2000m

2500m

B 217

L 389

Laves-Mühle

63

64
Rittergut
Knigge

Alte
Schule

Am Brink

65

Bredenbeck

68 Heimatstube
Bredenbeck

66 Korn-
brennerei

Wennigser Straße

Bredenbecker
Hof

67

107

100

Steinkrug

Theater zwischen
den Dörfern

70

S-Bahnhof
Bennigsen

Steinkrug

71

Kniggescher
Ruheforst

Steinkrug-
Quelle

72

Steinkrug

73 Waldgast-
stätte

RuheForst
Deister

74 Glashütte

69
Kalenberger
Quellen

komotiven den im Tagebau abgebrochenen Kalk zum inzwischen abgerissenen Kalkwerk in Bredenbeck.

Unser Weg führt aber an dem Wäldchen vorbei geradeaus über die Straße ins Klusterfeld, wo wir wieder auf den Bredenbecker Bach treffen, der hier in Bredenbeck ganz nach Calenberger Mundart wieder kurz und knapp Beeke genannt wird und der wir auf einem kleinen Weg folgen. Nicht ganz einfach für uns Ortsunkundige, uns hier zwischen vier Beeken zurechtzufinden. Doch in Bredenbeck wird jeder Wasserlauf gerne einfach Beeke genannt. Und der Ort Bredenbeck selbst bedeutet nichts anderes als breede Beeke, breiter Bach. Zu aller Namensverwirrung wird in alten Aufzeichnungen die Beeke auch als Bieke beschrieben. „Pass up, süs liggste mit'n Basse in'er Bieke!" So rief Kapellmeister Bunsendahl einst seinem Lehrling Heinrich zu. Dieser war nach dem Dorffest und reichlich Lüttje Lage mit dem schweren Bass der Kapelle auf dem Heimweg. Als der „smächtige Bengel" das Instrument über den schmalen Steg über den Bredenbecker Bach „balangzere" wollte, wurde er ganz zitterig. „Un bauz lagg hei in de Bieke." Verschmitzt schaute er den Meister an: „Getze sitt de Aars in Basse."[131]

Adolph Knigge – Der Knigge.

Der Knigge
Freier Herr vom Deister

An der Bredenbecker Beeke entlang kommen wir nun über einen kleinen Pfad in einem Bogen um die obere Mühle, der Laves-Mühle 63, zum Rittergut Knigge 64, das wie das Gut Münchhausen als Wasserschloss gestaltet wurde.

In diesem schönen Anwesen wurde 1752 „der Knigge", der berühmte Adolph Knigge geboren. Seine früh verstorbenen Eltern waren der Kulturoberhauptmann Philipp Knigge und Luise Knigge, Freifrau aus Weimar. Adolph Knigge wuchs zwar in dem altehrwürdigen adligen Umfeld des Wasserschlosses auf, zu dem Ländereien, Wälder, eine Brau-

Herrenhaus des Rittergutes Knigge in Bredenbeck.

erei und einst auch die Kückenmühle, die Ricklinger Mordmühle sowie die beiden Bredenbecker Mühlen gehörten. Doch im Bredenbecker Gut war nicht mehr viel gut. Der Vater war äußerst umtriebig, promovierte in den Rechtswissenschaften, schloss sich den Freimaurern an und führte weniger ein adliges als ein bürgerliches Leben mit allerlei originellen Merkmalen. So betrieb er ein „alchimistisches Laboratorium" im Bredenbecker Gut, sodass das Gerücht entstand, am Deister würden die Knigges nicht nur experimentieren, sondern sogar echtes Gold herstellen. Das funktionierte allerdings nicht, im Gegenteil. Der Vater hatte wenig kaufmännisches Geschick, so dass kaum Geld da war, das vornehme Anwesen heizen zu können und schon bald der wirtschaftliche Haussegen schief hing. Als der junge Knigge zwölf Jahre alt war, verstarb seine Mutter, zwei Jahre später auch sein Vater. Statt Gold hinterließ er seinem Sohn 150.000 Reichstaler an Schulden. Das Gut wurde überschuldet unter Zwangsverwaltung gestellt, Adolph Knigge musste Bredenbeck nach Hannover verlassen.[132] Er bekam in Hannover Privatunterricht, studierte in Göttingen wie sein Vater Jura und wandte sich den Illuminaten zu, einem gegen den Absolutismus und die kirchliche Macht gerichteten Geheimbund. In dieser Mischung aus wirtschaftlicher Not entstandener frühen Entfremdung von seiner höfischen Herkunft und der Neugier auf freiheitsorientierte akademische und geheime Wissenschaften, verhalf Knigge verfasste etliche und gern gelesene aufklärerische Schriften, mit denen er den Illuminaten zu Ansehen und Erfolg verhalf. Als Befürworter der Französischen Revolution war er auf der Suche nach der „Gesellschaft der besseren Menschen." Knigge war wie Rousseau der Ansicht, der Mensch sei von Natur aus gut, käme als guter Mensch zur Welt. Demnach sei allen Menschen die Möglichkeit zu geben, bessere Menschen zu werden und in diesem Sinne „gut und anständig" zu handeln. Wenn dem so sei, hätten auch alle guten Menschen das Recht unabhängig von ihrer Herkunft auf einen respektablen Platz in der Gesellschaft.

Eine gerechte Gesellschaft sei aber so lange unmöglich, wie Gesetze und Regeln nicht bekannt seien. Als Kenner des Adels und der aufstrebenden bürgerlichen Gesellschaft gleichermaßen, wollte er Unkundigen die Geheimnisse dieser Regeln vermitteln, sie zu eigenem Denken und Handeln anregen. So entstand 1788 sein Hauptwerk „Über den Umgang mit Menschen", das heute allgemein als „der Knigge" bezeichnet wird. Das Buch war schon zu Knigges Lebzeiten ein Erfolg, wurde bis heute millionenfach gedruckt und weiter entwickelt. Aber ähnlich wie die regelbrechenden Geschichten Münchhausens, der ein Zeitgenosse Knigges war, wurde auch Knigges Werk gründlich missverstanden. Der Knigge ist kein Buch der Benimmregeln und Manieren im engeren Sinne, sondern eine Gebrauchsanweisung, sich von den engen Fesseln des eigenen Denkens und der eigenen Herkunft zu befreien: „Jedermann hat bei uns die Freiheit, seine Lebensart, seine Kleidung und dergleichen nach seinem Geschmacke und seiner Phantasie einzurichten; es findet darin durchaus kein Zwang statt."

Sein Werk vermittelte aber auch eine Ethik der rationalen Selbstbeschränkung zur Entfaltung von Persönlichkeit und auf die Zukunft gerichteten Erfolges. Mit einem individualistischen und effizienzorientierten Selbstbild trug Knigge dazu bei, der aufstiegs- und bildungsorientierten bürgerlichen Schicht in der Zeit der beginnenden Industrialisierung zu ihrer gesellschaftlichen Vormachtstellung zu verhelfen. Dabei stellte er sich weniger gegen den Adel, als dass er Gemeinsamkeiten und Freundschaften vermittelte: „Aus dem Umgange mit Freunden muß alle Verstellung verbannt sein. Da soll alle falsche Scham, da soll aller Zwang, den Konvenienz, übertriebne Gefälligkeit und Mißtraun im gemeinen Leben auflegen, wegfallen. Zutraun und Aufrichtigkeit müssen unter innigen Freunden herrschen."

Rittergut Knigge – Wasserburg am Bredenbecker Bach.

Der insbesondere auf Etikette, Repräsentation und Besitz ausgerichtete Adel konnte dieser Charmeoffensive Knigges nur noch den reichlich vorhandenen Besitz entgegenstellen. So war Knigges Lebenswerk auch eine Antwort auf die Verschwendungssucht seines Vaters, die ihm früh seine Heimat in Bredenbeck raubte.

„Sei selbständig! Sei pünktlich, ordentlich, arbeitsam, fleißig in deinem Berufe! Interessiere dich für Andere! Lerne Widerspruch ertragen! Sei, was du bist, immer ganz und immer derselbe! Von deinen Grundsätzen gehe nie ab, solange du sie als richtig anerkennst! Habe immer ein gutes Gewissen! Sei lieber das kleinste Lämpchen, das einen dunklen Winkel mit eigenem Licht erleuchtet, als ein großer Mond einer fremden Sonne oder gar Trabant eines Planeten!"[133] Das sind starke Leitsätze, die die Standesgesellschaft tief ins Mark trafen und bis heute nachhalten. Als persönliche Konsequenz legte Knigge sein durch Geburt erworbenes „von" im Namen ab.

Selbst das aus dem 13. Jahrhundert stammende Rittergut an der Beeke im Schatten des Deisters scheint eine Art steingewordenes Understatement geworden zu sein, obwohl es einst die größte Wasserburg des Calenberger Landes war. Vielleicht trug auch der uns schon von seinem Wohnhaus an der Ihme-Brücke in Linden bekannte Hofbaumeister Laves zu der klaren Linie bei. Er wurde 1822 von

Blick von Bredenbeck Richtung Sorsum.

Entlang der Bäume fließt der Bredenbecker Bach. Hier führte einst die Kalkbahn von Bredenbeck nach Weetzen.

den Knigges bereits in jungen Jahren beauftragt, Bredenbeck zu entwickeln, den Dorfplatz, die Schule, die Mühle und schließlich auch das Gut in seiner heutigen Form zu gestalten. Ein von Gelber Beeke und Bredenbecker Beeke gespeister Burggraben umfließt das Anwesen und die obere Mühle wird heute Laves-Mühle genannt.

Der andere Knigge
Er brachte den Deister nach Hannover

Wilhelm Carl Ernst Knigge (1771-1839) stammte aus der Levester Linie der Knigges, die das alte Rittergut aus der Insolvenzmasse seines berühmten Onkels Adolph Knigge übernommen hatte. Knigge sah vor allem im Deister Potenzial, vom Rohstoffhunger der beginnenden Industrialisierung zu profitieren. Immerhin verfügte er mit seinen Rittergütern in Bredenbeck und Pattensen über 1.200 Hektar rohstoffreiches Land.

Knigge verkaufte aus dem Deister seine Rohstoffe erfolgreich an den Umschlagplatz Linden und richtete 1812 eine Verkaufsniederlassung für Kohle, Holz und Kalk nahe des Ihme-Hafens in der Blumenauer Straße ein. Dort fand Kalk und Holz für den Bau der Gebäude und Kohle für die Öfen der Fabriken reißenden Absatz.[134]

Die Konkurrenz schmeckte dem aufstrebenden Johann Egestorff, dem als Kalkjohann berühmt gewordenen Kalkbrenner und Frühindustriellen, gar nicht (siehe Seite 25ff.). Egestorff konnte mit den Preisen Knigges nicht mithalten, da er für den Einkauf und Transport anders kalkulieren musste als Knigge, dem Steinbrüche, Land und Wald gehörten und dem zudem billige Arbeitskräfte zur Verfügung standen.

In dieser Konkurrenzsituation kam es bereits 1813 zu einer interessanten Vereinbarung der etwa gleich alten aber sehr ungleichen Kaufleute Knigge und Egestorff. Knigge versprach, seine Niederlassung in Linden aufzugeben und Egestorff zu überlassen. Egestorff verpflichtete sich im Gegenzug, aus den Kniggeschen Gruben vereinbarte Kohlemengen abzunehmen, den eigenen Kohleabbau im benachbarten Wennigsen nicht weiter zu vergrößern und seinen Kalkabbau auf Linden zu beschränken. Zudem konnte Knigge aushandeln, dass Egestorff auch noch den Vertrieb von Waren nach Bremen und in andere Orte mit übernahm.

Die Aufteilung der Absatzmärkte und die Vereinbarung von Handelsbeziehungen waren für die Kontrahenten von großer Bedeutung. Knigge konnte seine Schulden ab- und Egestorff seinen Erfolg ungestört weiter aufbauen. Egestorff, der aus einfachen Verhältnissen kommend weder schreiben noch richtig lesen konnte, dafür aber umso besser rechnen, hatte wahrscheinlich wenig Zugang zur Lebenswelt der Adelsfamilie Knigge. An-

Ehemaliges Kalk- und Kohlewerk Bredenbeck um 1910.

Kalk und Kohle wurden mit Zügen über Weetzen nach Linden gebracht, der Kalk von dort aus über die Ihme verschifft.

Laves-Mühle Bredenbeck.

Bredenbecker Bach und Mühlteich.

dersherum wäre Knigge kaum in der Lage gewesen, sich im Konkurrenzkampf mit dem umtriebigen Eges-torff im fernen Linden in einer Zeit der raschen Entwicklung der Industriebetriebe zu behaupten. Knigges Welt war es eher, seine Rolle als „Canton Maire" des Königreichs Westphalen und als königlich großbritannischer und hannoverscher Schlosshauptmann auszufüllen.

Durch den Vertrag und die Vertragstreue entstand zwischen Knigge und Egestorff nicht nur eine erfolgreiche Sphärentrennung sondern auch eine Beziehung des Vertrauens und Respekts. Wie sehr diese Beziehung trug, sollte sich in der nächsten Generation zeigen. Ernst Knigge (1806-1880), Sohn von Wilhelm Carl Ernst Knigge, setzte nicht nur weiter auf die aufgeteilten Absatzmärkte, er begann zur Ausweitung der eigenen Produktion mit dem Sohn Johann Egestorffs, Georg Egestorff (1802-1868), umfangreiche Geschäfte zu tätigen. Er kaufte Dampfmaschinen für die Kohleförderung. Und als 1847 die Eisenbahn von Hannover nach Minden an das Eisenbahnnetz angeschlossen wurde, wurde der Kohletransport aus dem Ruhrgebiet direkt nach Hannover möglich, während die Deisterkohle nach wie vor mit Karren transportiert wurde. Egestorff und Knigge entschlossen sich zur Kooperation. Egestorff hatte den Gleisanschluss am Fischerhof an der Ihme und Egestorff die Kohlevorkommen im Deister. So entstanden 1850 die ersten Pläne für eine Deisterbahn, 1872 wurde die Strecke eröffnet und 1890 durch die Schmalspurbahn von Bredenbeck nach Weetzen ergänzt.[135] Der Mangel der fehlenden Schiffbarkeit der Ihme war überwunden.

Bredenbeck
Das Kleinod an der breiten Beeke

Wir verlassen nun das beeindruckende Rittergut, bleiben aber auf Knigges und Laves Spuren, die Bredenbeck durchziehen. Direkt vor dem Rittergut steht die Laves-Mühle **63**. Sie wurde 1860 von Georg Laves als klassizistischer Nachfolgebau einer Mühle errichtet, die auf dem Kniggeschen Gut auf der anderen Seite der Bredenbecker Beeke stand.

Für die Mühle wurde der in Bredenbeck wegen seiner naturnahen Gestaltung sehr beliebte Mühlteich angelegt. Über ihn wurde der Wasserdruck für den Antrieb des Mühlrades reguliert. Heute dient er dem Hochwasserschutz. Dafür wurde 2021 ein leistungsfähiges selbstregulierendes Wehr errichtet. Zudem wurde der Mühlteich gemeinsam mit der Gelben Beeke, die am Ende des Mühlteichs in die Bredenbecker Beeke fließt, von Bewuchs und Schlamm befreit.[136] Seit der Stilllegung des Steinbruchs und des Bergbaus war das Wassersystem zunehmend vernachlässigt worden.

Die Region Hannover möchte diesen Bereich rund um die Laves-Mühle und auch die untere Mühle als Zielort der Naherholung und des Tourismus aufwerten. Eine gute Idee, denn der Weg entlang des mit Seerosen bewachsenen Wassers durch das Deisterdorf Bredenbeck ist wunderschön. Zu dem Ensemble gehört auch die auf unserem Weg linker Hand stehende alte Schule **65** mit dem markanten Glockenturm. Auch die Schule ist ein Vermächtnis von Knigge, der Laves 1848 mit dem Neubau der Schule beauftragte. In der Schule befand sich sogar eine Lehrerwohnung für genau einen Lehrer, der genau eine Klasse zu unterrichten hatte. Für die zusätzliche Arbeit des Glockenläutens erhielt der Lehrer im Gegenzug die Genehmigung, eine Kuh auf dem Gut zu halten.

Alte Schule Bredenbeck.

Gelbe Beeke.

Überhaupt war das 19. Jahrhundert für die Bredenbecker ein einschneidendes Jahrhundert. Hans-Werner Dannowski macht darauf aufmerksam, dass im Königreich Hannover die Gutsuntertänigkeit länger als in Preußen bestand. Die Bauernbefreiung erfolgte später als im Rest des Landes, erst 1830.[137] Bis dahin waren die von Altens in Linden, die Münchhausens in Bettensen und die Kniggess in Bredenbeck nicht nur Dienstherren der Bauern und der Tagelöhner sondern gleichzeitig auch Gerichtsherren. Das Kniggeschen Hochgericht wurde bis zum „Halsgericht", der Todesstrafe, abgehalten. In einem Fall musste sich im Jahr 1652 gar der im Rittergut tätige Hofprediger Georg Coccaeus dem Gericht stellen, er habe einer „Calenberger Hexe" bei ihrer Hinrichtung seelsorgerisch beigestanden.

Das letzte bekundete Kniggesche Blutgericht wurde 1830 über den Böttchergesellen Heinrich Bürgen gehalten, der seinen Meister, Christian Knölke aus Gehrden, erschlagen hatte. Der Täter „solle mittels eiserne Keulen von oben herab zum Tode zu richten sein", so lautete das Strafmaß, das dann im Zuge eines Gnadengesuchs vom „Ober-Hals und Criminalgericht Hannover" in eine schmerzfreiere Enthauptung abgemildert wurde. Bei der Hinrichtung in der Nähe des Steinkrugs sollen 1.500 Schaulustige dabei gewesen sein. Die Ehefrau des Böttchers erhielt zwanzig Jahre Zuchthaus, der Geselle und sie hatten den sie offensichtlich unter Alkoholeinfluss peinigenden Meister gemeinsam loswerden wollen (siehe auch Seite 125).[138]

Das „Adlige Gericht Bredenbeck" wurde erst 1848 aufgehoben, als die Tagelöhner im Deister zeitgleich von den revolutionären Versuchen in Frankfurt und Berlin Kenntnis bekamen. Zum Aufruhr kam es nicht, obwohl Bredenbeck mit seinen vielen Beschäftigten in den Steinbrüchen und in der Waldwirtschaft als politisch „links" galt. Die Bauernbefreiung kam auch nicht, ohne dass die Betroffenen selbst noch einmal zur Kasse gebeten wurden. Sie mussten sich beim Gutsherrn Knigge freikaufen. Vollkötner hatten mit Getreide und Vieh zu zahlen, weiterhin „100 Handdiensttage im Jahr" abzuleisten und zudem Zins für die Pacht des Landes zu entrichten.[139] Für viele Bauern bedeutete dies eine Verschuldung auf viele Jahre. Immerhin ließ Knigge 1848 die Schule bauen.

Bredenbeck

Ehemaliges Waldbad Bredenbeck.

Einen Ausweg bot die Kornbrennerei Warnecke ⑥, die 200 Jahre lang Korn nicht nur für die Bergleute brannte und diesen auch heute noch eingängig vermarktet: „Hast du Freude, hast du Zorn, trinke Bredenbecker Korn". In einem Hofladen, der auf unserem Weg etwas links liegend von der Deisterstraße aus zu erreichen ist, können Mispellikör und andere Spezialitäten erworben werden. Wer sich in Bredenbeck wohlfühlt, kann natürlich auch eine Übernachtung im gastfreundlichen Bredenbecker Hof ⑥ einlegen, der an der nächsten Straßenkreuzung auf Gäste wartet. Es werden auch Fahrräder und für den Deister hilfreiche E-Bikes ausgeliehen.

Wer das nicht mehr weit entfernte Ziel der Tour erreichen möchte, kann jetzt entweder noch etwas an der Bredenbecker Beeke auf einem kleinen verwinkelten Weg zu Fuß entlanggehen oder fährt die ausgeschilderte Straße Richtung Ruheforst. Nach fünfhundert Metern treffen sich beide Wege wieder am Steinkrüger Weg. Dann geht es vorbei an einem „Teilgarten", auf dem kleine Parzellen bewirtschaftet werden. Der Garten profitiert von einem Nebenbach der Bredenbecker Beeke, der aus den Quellen des über Bredenbeck thronenden Kalenbergs ⑥ gespeist wird. Links vom Steinkrüger Weg fließt er mit der Bredenbecker Beeke zusammen und bildet ein kleines Biotop mit mehreren Teichen.

Ein paar Meter weiter befindet sich das alte Landschulheim, in dem heute die Theater-Kolchose das ‚Theater zwischen den Dörfern' ⑦ betreibt. Von hier aus

Frühling im Deister zwischen Bredenbeck und Steinkrug.

werden Theaterstücke vor Ort und für Bühnen der Region Hannover produziert. An der oberhalb Bredenbecks liegenden Waldkante, „Vor dem Holze", wurden am Wasser des Kalenberger Quellbachs einst wie in Evestorf Rottekuhlen angelegt, um den Flachs zur Herstellung von Leinenstoffen verrotten zu lassen. In der Bredenbecker Heimatstube 68 ist einiges zu dem für Bredenbecks Geschichte wichtigem Wirtschaftszweig der Leinenherstellung zu erfahren.

1919 wurde in den aufgegebenen Rottekuhlen ein Waldbad eingerichtet, das vor allem für Familien einen schönen sommerlichen Erholungsort bot. Ein dazugehöriger Zeltplatz lud auch Gäste von außerhalb ein, am Deister zu urlauben. Das Freibad wurde später noch als Wassertretstelle genutzt und ist heute nur noch in Erinnerungen und alten Fotografien erhalten geblieben.

Ein Stück weiter gelangen wir zum Kniggeschen Ruheforst 71. Im Ruheforst, einem Friedwald, kann alternativ zu städtischen Friedhöfen die letzte Ruhe unter Buchen und Eichen gefunden werden. Etwas weiter entlang des Waldweges findet sich rechter Hand efeuumrankt der Familienfriedhof der Knigges, selbstverständlich alle ohne ein „von" vor ihrem Namen.

Geradeaus fahren wir den schönen Waldweg weiter, der auch Teil des Deisterkreisels ist, einer rund 80 Kilometer langen Fahrradstrecke, die einmal um den Deister kreist.

Die Quelle am Steinkrug
Glasklares Wasser an der Glashütte

Steinkrug – Gastfreundschaft seit Jahrhunderten.

Kurz vor dem Steinkrug liegt vor einer Unterführung ganz unspektakulär und unbeachtet die Quelle des Bredenbecker Bachs **72** im Unterholz. Wer sich die Mühe machen möchte, rund zweihundert Meter in den Wald zu gehen, oder wer auf Bärlauchsuche abseits der Wege unterwegs ist, findet dort unter Laub und Zweigen bestes Deisterwasser.

Alternativ kann auch gleich in der Waldgaststätte Steinkrug **73** mit einem Wässerchen auf das Ende der Tour angestoßen werden. Der Steinkrug wird ähnlich wie die Verkehrsknotenpunkte an der Ihme-Brücke in Linden und an der Mordmühle in Ricklingen immer wieder als besonderer Ort hervorgehoben. Eine Reihe von Hügelgräbern in der Nähe des Steinkrugs weisen auf eine frühe Besiedlung hin. Südlich des Steinkruges stand einst die Bennigser Burg, die als Fliehburg zum Schutz der Bevölkerung im 10. Jahrhundert errichtet wurde.

Quelle des Bredenbecker Baches am Steinkrug.

Glashütte Steinkrug.

Und der Steinkrug ist seit mehr als 750 Jahren als Gastwirtschaft beurkundet.

Der Weg von Hannover nach Hameln zwischen Deister und kleinem Deister hindurch wurde vor allem mit dem Aufkommen von Kutschen immer beliebter. Die alte Hannoversche Heerstraße führte noch direkt über den Deister nach Springe. Der 250 Meter hohe Pass am Bielstein, der zu Fuß oder mit dem Pferd überwunden werden konnte, war jedoch mit Kutschen kaum zu bewältigen. So wurden die Pferde der Postkutschen nun am Steinkrug ausgespannt und Briefe und Waren über die neue, nur 150 Meter hohe Passstraße nach Springe oder Hameln verschickt. König Georg III. sorgte dann im 18. Jahrhundert für den Ausbau des Weges. Er erkannte die Notwendigkeit, den aufkommenden Handel zwischen Leine-tal und Wesertal zu fördern und steckte 12.000 Taler in die Hamelner Chaussee, die heute als Bundesstraße 217 von Hannover am Steinkrug entlang durch die Deisterpforte nach Hameln führt.[140]

In dem guten Ausflugslokal Steinkrug finden sich daher seit eh und je viele Gäste. 1822 hat hier sogar Carl Friedrich Gauß bei seinem Vorhaben übernachtet, mit dem von ihm erfundenen Heliotrop, einem Sonnenspiegel, den Deister zu vermessen. Er schrieb am 10. Juli aus dem Steinkrug an seinen Freund Heinrich Schumacher: „Es ist eine Pracht a luxury, in schönen Abendstunden Winkel zwischen zwei Heliotroplichtern zu messen, und die Harmonie der Resultate ist dann oft ganz zum Bewundern."[141]

Nicht nur Gauß brachte den Steinkrug zu Ehren, 1850 hat Baumeister Laves dem Gasthaus das heutige Gesicht gegeben.

Wer noch Kraft für einen Abstecher hat, dem sei ein weiteres kulturelles Kleinod empfohlen, der Turmbrennofen der Glashütte ⓩ auf der Anhöhe des Steinkrugs. Hier steht eine original erhaltene Schmelzhütte. Das imposante Sandsteingebäude hatte Wilhelm Carl Ernst Knigge 1809 errichten lassen, um aus seinen reichlich vorhandenen Rohstoffen Holz, Kohle und Sand in industrieller Weise Glas herstellen zu können. Die kegelförmige Bauweise der Glashütte verstärkte den Luftzug eines im Innern stehenden Ofens so sehr, dass mit Temperaturen von bis zu 1.400 Grad Sand zu Glas geschmolzen werden konnte. Der umtriebige Knigge konnte mit dieser Produktionsstätte Glasprodukte wie Flaschen, Scheiben und sogar 50 Liter fassende Ballons fertigen.[142]

Mit den gesammelten Eindrücken im Gepäck können wir nun den Heimweg antreten. Die zwei Kilometer bis zum Bahnhof Bennigsen sind bei leichtem Gefälle auf der Bennigser Straße in ein paar Minuten zu bewältigen. Wer noch Zeit hat, kann über den Eichenweg durch den Wald über die Ruinen der Bennigser Burg nach Bennigsen gelangen. Von beiden Wegen aus ist auch das Bennigser Freibad zu erreichen.

Vom S-Bahnhof Bennigsen sind es 15 Minuten Bahnfahrt zum Bahnhof Linden-Fischerhof und sieben weitere Minuten zum Hauptbahnhof Hannover. Wer noch Zeit und Lust hat weiterzuradeln, kann die Tour nach Wennigsen fortsetzen. Dann vom Steinkrug bergab zurück zum Rittergut Knigge, an der unteren Mühle Richtung Sorsum abbiegen und am Ihme-Ursprung die Tour fortsetzen ...

Wennigser Mühlbach
Das heilige Wasser

V om Ihme-Ursprung in Evestorf fahren wir noch ein kleines Stück den alten Kalkbahnweg am Bredenbecker Bach entlang und biegen dann am Dorfgemeinschaftshaus von Evestorf ⑥ nach rechts ab. Vor uns sehen wir bereits die Klosterkirche in Wennigsen. Auch wenn geradeaus ein schöner Weg direkt nach Wennigsen führt, geht es an der nächsten Feldkante noch einmal scharf nach rechts. Unser Weg führt uns Richtung Sorsum. Am Ortsrand der kleinen Ortschaft Sorsum stoßen wir wieder auf den Wennigser Mühlbach, den wir am Ihme-Ursprung bereits kurz kennengelernt haben.

Dort, wo der Wennigser Waldkaterbach in den Wennigser Mühlbach fließt, durchqueren wir auf kurzem Weg Sorsum und stoßen dann auf die Weetzener Straße, die wir nach links für ein kleines Stück am Mühlbach entlangfahren. Nach einer auf den ersten Blick unscheinbaren Bogenbrücke aus dem 19. Jahrhundert, die als Einzeldenkmal ausgewiesen ist, biegen wir von der Allee links ab und kommen an die Mühlbach-Aue ⑦⑤, den schönsten Naturraum des Wennigser Mühlbaches.

Die Kunst des Renaturierens
Ein Bach schlängelt sich durch das Biotop

D er kleine Weg führt an Erlen, Eschen und Weiden entlang, zwischen denen sich der Mühlbach in zahlreichen kleinen Windungen schlängelt. Es lohnt sich, hier das Wasser zu beobachten: Bachforellen, Gründlinge, Elritzen, Stichlinge, Flussbarsche und Mühlkoppen schwimmen im Mühlbach und der Eisvogel hat sich hier wieder niedergelassen. Die dicken knorrigen Ufer-Weiden allein sind schon ein Erlebnis. Durch den alten Baumbestand hindurch sind die vom NABU

Sorsumer Windmühle.

Hebstblick von der Wennigser Straße auf den Deister.

1996 angelegten Überschwemmungswiesen zu sehen, die Starkregenereignissen vorbeugen und der Natur neue Entfaltungsmöglichkeiten bieten. Hier ist auch immer mal wieder der Nachwuchs der Wasserbüffel von den Stapelteichen zu Besuch.

Kurz vor Wennigsen ist eine Streuobstwiese entstanden, Äpfel, Birnen, Kirschen, Pflaumen und Walnuss-Bäume haben hier Platz gefunden. Hinter der Streuobstwiese befindet sich eine Schafweide. Zur Entdeckung des Areals lohnt es sich, auch ein Stück über den Fahrradweg an der Landstraße zurückzufahren, um den Naturraum von dieser Seite aus zu sehen. Die gesamte Maßnahme ist ein Ausgleich für das weiter oben am Wennigser Mühlbach errichtete Baugebiet Klostergrund.[143]

Der Vorsitzende des NABU Wennigsen, Gerhard Krick, plädiert für eine konsequente Ausweitung der Schutzgebiete: „Unser Biotop zwischen Wennigsen und Sorsum hat sich hervorragend entwickelt. Jetzt benötigen wir für den Arten- und Klimaschutz eine Biotopvernetzung. So könnte ein Biotopverbund mit den rund

Wennigser Mühlbach

Karte 8
Evestorf bis Sorsum

1500m 1000m 500m 0m

Lemmie

Gehrden

60

S-Bahnhof Lemmie

Sorsum

Sorsumer Mühle

58

Steinberg

Das Riepente

Mühlbach-Aue

Weetzener Straße

75

Wennigser Mühlbach

Ihme-ursprung

59

61

Evest

Rießen
77 m

Bredenbecker Bach

L 390

Alte Mühle Bredenbeck

62

Bredenbeck

L 390

Streuobstwiese zwischen Sorsum und Wennigsen.

drei Kilometer entfernten Stapelteichen den Naturraum Ihme, Wennigser Mühlbach und Bredenbecker Bach miteinander verbinden."

Unser Weg führt entlang der Sorsumer Straße über die Knölkenbrücke nach Wennigsen. Die Brücke heißt nicht offiziell Knölkenbrücke, wird aber nach einem Mordfall an Böttchermeister Christian Knölke so benannt. Ein Geselle des Böttchers hatte 1829 seinen Meister an der Ihme-Böschung beseitigen wollen, wollte den Mord wie einen Unfall aussehen lassen (siehe Seite 116). Überhaupt scheint es sich bei der Sorsumer Straße um eine inspirierende Allee zu handeln. Auch für den in Wennigsen aufgewachsenen Autor Takis Würger ist die Sorsumer Straße ein Ort der besonderen Erinnerung: „Am Deister verläuft zwischen zwei Dörfern eine Allee, auf der kaum jemand fährt. Die Sorsumer Straße führt zwischen Feldern ein Stück am Mühlbach entlang. In den Sommern meiner Jugend, als der Teer warm

Brücke über Wennigser Mühlbach.

Wasserbüffel an der Weetzener Straße.

wurde, rollten die Räder meines Rades darauf fast lautlos. Diese Allee fuhr ich als Junge entlang, nachdem ich zum ersten Mal nackt mit einer Frau in einem Bett gelegen hatte. Vom Wald her wehte Wind, die Luft roch nach Raps, ich fuhr freihändig auf dem Mittelstreifen, und wie jeder Junge, der zum ersten Mal nackt mit einer Frau in einem Bett gelegen hatte, fühlte ich mich unsterblich. Diese Allee ist mein Sommerort. Wenn ich auf ihr fahre, bin ich jung".[144]

Inzwischen ist die Sorsumer Straße stärker befahren und der Alleecharakter in den Hintergrund gerückt. Die Region Hannover hat sich immerhin vorgenommen, den Mühlbach auch auf Höhe des vor den Toren Wennigsen entstandenen Neubaugebietes ein neues Gesicht zu geben. Die Hoffnung auf einen gewässerbegleitenden Radweg ist also gegeben.

Bis das realisiert ist, fahren wir entweder die Sorsumer Straße entlang oder etwas ruhiger links durch das Wohngebiet bis zur alten Zollstation 🟤 nach Wennigsen und dann geradeaus auf einen kleinen Weg, der genau auf den Klosterplatz des Deisterortes, den Klosteramthof, führt. Für den schmalen Weg durch die Klostermauern sollte man vom Rad absteigen.

Altes Zollhaus Wennigsen.

Biotop Wennigser Mühlbach.

Wennigser Mühlbach

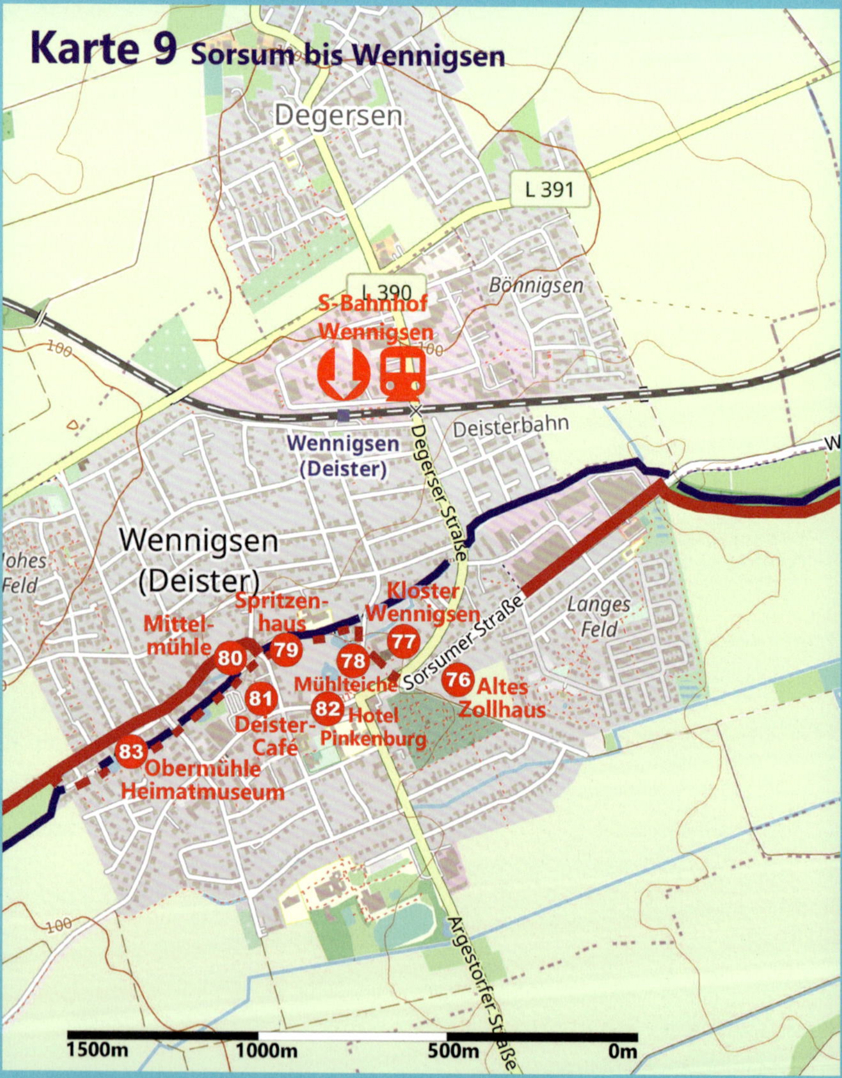
Karte 9 Sorsum bis Wennigsen
Degersen
L 391
L 390
Bönnigsen
S-Bahnhof
Wennigsen
100
Deisterbahn
Wennigsen
(Deister)
Degerser Straße
Wennigsen
(Deister)
Hohes
Feld
Spritzen-
haus
Kloster
Wennigsen
Mittel-
mühle
80
79
78
77
76
Altes
Zollhaus
Sorsumer Straße
Langes
Feld
Mühlteiche
81
Deister-
Café
82
Hotel
Pinkenburg
83
Obermühle
Heimatmuseum
Argestorfer Straße
1500m
1000m
500m
0m

HIER STAND BIS

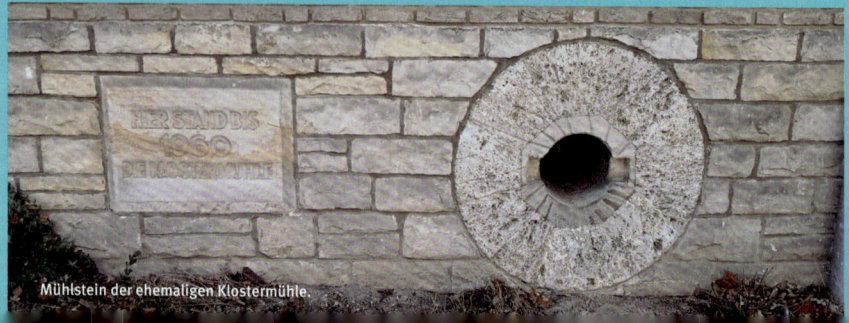

Mühlstein der ehemaligen Klostermühle.

Ein Garten der Besinnung
Abtauchen im Kloster Wennigsen

D as Kloster Wennigsen **77** wurde um einen romanischen Wehrturm herum im
12. Jahrhundert errichtet. Die heutigen Klostergebäude stammen jedoch
vorwiegend aus dem Barock des frühen 18. Jahrhunderts. Das Kloster war von
Beginn an ein Frauenkloster und wurde auch nach der Reformation durch Herzo-
gin Elisabeth von Calenberg, die durch ein Treffen mit Martin Luther begeisterte
Protestantin geworden war, als Damenstift weitergeführt. 1650 schreibt das Kloster: „Ein Jungfrawen-Closter Fürstenthums Calenberg, ligt zwo Meil von Hannover,
nacher Westen, unter dem Deister, und werden daselbst etliche Closter Jungfra-
wen unterhalten."145

Das Kloster Wennigsen ist nach wie vor ein reger kultureller Ort. Es werden Konzerte veranstaltet, Meditationskurse, Heilkurse im Klostergarten und andere The-
men geistiger Spiritualität angeboten. Wer möchte, Frauen und Männer sind gleichermaßen angesprochen, kann natürlich das Angebot einer Übernachtung im
Kloster als Teil der Ihme-Radtour in Anspruch nehmen. Dienstag bis Freitag lässt
sich auch zum Mittagstisch in den Sommergarten des Klosters einkehren.

Johanniterhaus
Kloster Wennigsen.

Wennigser Mühlbach

Wer Glück hat, wird in den Klostergarten gelassen, der ein wunderschöner Ort ist, alle Welt vergessen zu können. Natürlich wird seine Pracht gespeist vom Wennigser Mühlbach, der sich durch den Klostergarten windet.

Bäche, Mühlen, Teiche
Wennigsen liegt am Wasser

Am Klosteramthof zeigt sich der Wennigser Mühlbach an einem Damm wieder der Öffentlichkeit. Der Damm trennt den Wennigser Mühlbach von dem Mühlenbetriebsgraben. Der Mühlenbetriebsgraben liegt etwas höher, um mit Schwung das Mühlrad der Wassermühle des Klosters anzustoßen. Der Mühlbach fließt hier an einem Mühlteich 78 entlang, der auch in trockenen Zeiten als Stauteich der Mühle Wasserkraft zur Verfügung stellen konnte. Die Wassermühle des Klosters, die Untermühle, existiert nicht mehr, nur ein eingemauerter Mühlstein erinnert noch an das Mahlwerk. Dafür hat sich das Ensemble Mühlbach, Mühlteich und Mühlgraben zu einer kleinen Oase mitten in Wennigsen entwickelt.

Auf dem Mühlendammweg am Mühlteich ist vom Rad abzusteigen, wie auch auf einigen weiteren Wegen am Mühlenbetriebsgraben entlang. Am Mühlendammweg wird auf Schautafeln die Funktion des parallel zum Mühlgraben verlaufenden Mühlenbetriebsgrabens beschrieben. Auch informieren einige Stationen des Hörspaziergangs Wennigsen über die Mühlenanlage. Einst waren drei Wassermühlen in Wennigsen in einem System aus Stauteichen mit dem Graben verbunden. Die Wasserläufe und ihre Anlagen stehen heute unter Denkmalschutz.

Klosterkirche Wennigsen.   Klostergarten.

Mühlgraben und Klostermühlenteich.

Schon nach wenigen Metern endet der Parallelbetrieb von Graben und Bach, denn der Mühlbach verläuft hier unterirdisch und ist erst am Ortsausgang am Bröhnweg wieder zu sehen.

Etwas weiter am Mühlenbetriebsgraben entlang kommen wir zum alten Spritzenhaus ⑦, von dem aus die Wennigser Feuerwehr Löschwasser aus dem Graben und seinen Teichen pumpte. Heute beherbergt das Feuerwehrhaus einen Ausstellungsraum, den ein kunsthandwerklicher Verein betreibt.

An alten Fachwerkhäusern entlang gelangen wir zu einem sehr schönen Platz, an dem Schmiede und Mittelmühle ⑧ den Charakter des alten Wennigsen ausstrahlen. Das Gebäude der Mittelmühle ist heute zu einem Wohnhaus umgebaut, in der Schmiede betreibt ein Steinmetz sein Handwerk. Neben dem Eingang der Mühle ist ein alter Mühlstein zur Erinnerung eingelassen.

Wem jetzt nach leckerem Pflaumenkuchen ist, findet ein paar Meter weiter die Hirtenstraße entlang das Deister-Cafè Woller ⑧. Hier lässt sich bei selbst geärös-

Mittelmühle und alte Schmiede.

Mühlsäcke im Heimatmuseum Wennigsen.

tetem Kaffee die Zeit um Jahrzehnte zurückdrehen. Wer's moderner mag, findet etwas weiter auf der Hauptstraße weitere Cafés, Restaurants, eine Eisdiele und das Hotel Pinkenburg **82**.

Der Weg führt nun an der Mittelmühle steiler aufwärts, ein Zeichen für ein gutes Gefälle des Wassers für den Betrieb der Mühlen. An einem großen Platz an der Mühlenstraße befindet sich in der ehemaligen Obermühle **83** heute das Heimatmuseum Wennigsen, das über die vielen Besonderheiten der Geschichte Wennigsens informiert. Sollte das Museum geöffnet sein, lohnt sich ein Besuch. In der Mühle wurden Roggen, Graupen und Öl gemahlen. Anfangs betrieb das Kloster Wennigsen, das auch die Unter- und Mittelmühle besaß, die Mühle selber, verkaufte sie aber 1639 an Müller Sembler. Dafür hatten dieser und sein Nachfolger Müller, der tatsächlich Conrad Müller hieß, „in gangbahrer Münze" Zins zu zahlen.

Da der Zins nicht ausreichend war oder schleppend gezahlt wurde, sollte der Sohn des Müllers, August Müller, schließlich auch noch kostenlos Holz für das Kloster sägen. Die Forderungen des Klosters führten dazu, dass die Obermühle wirtschaftlich schlechter gestellt war als die beiden Klostermühlen. Immer wieder kam es zu Unregelmäßigkeiten an der Obermühle, da die Müller zusätzliche Erwerbsquellen suchten. So schüttete August Müller unerlaubt Teile des oberen Stauteiches zu und errichtete einen nicht genehmigten weiteren Mahlgang. Da Müller die Mühle bereits verkauft hatte, verfügte das Kloster als Strafe, dass sein Nachfolger Dohrmann nur noch Graupen und Grütze mahlen durfte, was natürlich einen wirtschaftlichen Nachteil für den Start seines Müllerdaseins bedeutete. Also verkaufte auch Dohrmann wieder. Sein Nachfolger Bansen versuchte den Nachteil wett zu machen und errichtete 1794 zwei ungenehmigte zusätzliche Wasserräder. Die Sanktion für den vorschriftswidrig gemahlenen Weizen musste wiederum ein Nachfolger ausbaden. Müller Kleine, ab 1832 Müller der Obermühle, hatte für den Weizenertrag seines Vorgängers Bahnsen Konzessionsstrafen zu zahlen. Kleine wiederum machte sich des Siegelbruchs schuldig, so dass ihm als Strafe sogar das gesamte Mahlwerk entfernt wurde. Die Mühle war aber für die

Obermühle – Heute Heimatmuseum Wennigsen.

Versorgung der Bevölkerung unentbehrlich, denn die beiden Klostermühlen konnten gar nicht so viel Mehl mahlen wie in Wennigsen verbraucht wurde. Also wurde Müller Kleine nach einem entbehrlichem Jahr des Mehlmangels begnadigt.

Seit Mitte des 19. Jahrhunderts sind keine Verfehlungen in der Obermühle mehr bekannt. Wahrscheinlich hatte sich auch der Einfluss des Klosters verringert, so dass Müller Kleine die Obermühle, die im 20. Jahrhundert auch Woltmannsche Mühle nach einem seiner Nachfolger genannt wurde, gut veräußern konnte. Erst

Wennigser Mühlbach

1961 musste die Obermühle schließen.[146] Industrielle Großmühlen machten auch dem Müllerhandwerk in Wennigsen ein Ende.

Mühlrad der Obermühle.

An der Obermühle ist ein oberschlächtiges Mühlrad rekonstruiert worden, das zeigt, wie das Wasser aus über drei Meter Höhe das Mühlrad antreibt, so dass im Inneren der Mühle der Mühlstein das Mehl zermahlen konnte. Das ausgeklügelte System des Mühlenbetriebsgraben mit dem Wasser des Mühlbachs und seinen Stauteichen war die

Mühlen an Ihme, Bredenbecker Bach und Wennigser Mühlbach

In Bredenbeck und Wennigsen sind Hinweisschilder auf die Niedersächsische Mühlenstraße zu finden. Wer dann jedoch die Mühlen sucht, findet selten noch Mühlengebäude und schon gar nicht Mahlwerke oder Antriebe. Lediglich an der oberen Wassermühle am Wennigser Mühlbach ist das Mühlrad rekonstruiert worden und dreht sich munter im Wasserstrahl. Der Mühlenraum kann besichtigt werden und einige Originale, wie Wennigser Mehlsäcke, sind ausgestellt. Alle anderen Wasser- und Windmühlen an der Ihme haben höchstens noch ihre Mahlsteine vor den Gebäuden liegen.

Die meisten Mühlen an der Ihme und an ihren Quellbächen waren oberschlächtige Mühlen, das Wasser wurde hier mittels hoch geführten Mühlengräben von oben auf die Mühlräder geleitet. Zumeist befand sich oberhalb des Mühlgrabens ein Stauteich, der wie eine Batterie Wasser für den Mühlbetrieb speicherte. Die Teiche sind vor allem in Bredenbeck und Wennigsen noch gut erhalten und verleihen den Orten einen besonderen Charakter. Aber es gab auch unterschlächtige Mühlen, wie die in Vörie, bei der die Mühle über die Ihme gebaut wurde, so dass die Mühlräder von unten angetrieben werden konnten.

An der Ihme selbst befanden sich über die Jahrhunderte sechs Wassermühlen. Die Ihme-Mühle, die Ricklinger Mühle an der Bauerwiese, die Mordmühle im Ricklinger Holz, die Kückenmühle, auch Neddermohle oder Priestermühle in Ronnenberg, die Bettenser Mühle und die Vörier Mühle.

Am Bredenbecker Bach drehten sich zwei Wassermühlen, die untere Mühle vor Bredenbeck und die Laves-Mühle am Rittergut Knigge.

Überreste des Mühlhandwerks an der Kückenmühle.

Das wohl ertragreichste Wasser war der Wennigser Mühlbach mit seinen Nebenbächen. Sieben Mühlen sollen über die Jahrhunderte in Wennigsen gestanden haben. Es wurde sogar parallel zum Mühlbach ein Mühlenbetriebsgraben einmal durch den gesamten Ort geleitet. An ihm drehten sich die untere Mühle am Kloster, die mittlere Mühle an der Schmiede und die obere Müh-

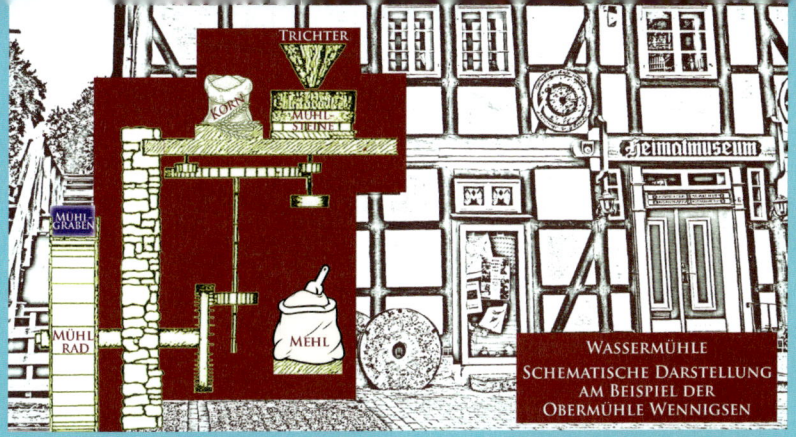

WASSERMÜHLE
SCHEMATISCHE DARSTELLUNG
AM BEISPIEL DER
OBERMÜHLE WENNIGSEN

le in dem Gebäude, in dem heute das Heimatmuseum seinen Platz hat. In der oberen Mühle wurde zusätzlich auch noch ein Sägewerk mit der Wasserkraft betrieben. Daneben gab es noch die Ölmühle am Güstebach, die Grützmühle und die Bokemühle am Freibach zur Flachsbearbeitung und eine nicht weiter lokalisierte siebte Mühle in Wennigsen.

In Erinnerung an die vielen Wassermühlen in Wennigsen hat ein Wennigser Verein rund zwanzig Miniaturwasserräder im Deister am Quellbach des Wennigser Mühlbachs aufgebaut. Nicht nur Wassermühlen und Sägewerk sind zu entdecken, auch viele phantasievolle Modelle sind zum Anziehungspunkt für Ausflüge in den Deister geworden.

Auch wenn das Wasser kontinuierlich zu fließen scheint, gab es doch Ausfälle unterschiedlicher Art, die die Mehlversorgung einschränkten. So war im Winter das Wasser häufig gefroren und im Sommer führte Trockenheit zu niedrigen Flussständen, so dass die Wasserkraft für den Mahlgang nicht mehr ausreichte. Auch der Bergbau, der Wasser benötigte und Wasser umleitete, setzte den Wassermühlen zu. In Bredenbeck bekamen beide Mühlen im 19. Jahrhundert erhebliche Schwierigkeiten, da in die Bredenbecker Beeke nicht mehr genug Wasser floss.

Konkurrenz brachten auch die Windmühlen, die entlang der Ihme auf den Anhöhen errichtet wurden und mit der Erfindung der Holländerwindmühle erheblich effektiver als jede Wassermühle waren.

Rechts und links der Ihme stehen die Windmühle auf dem Lindener Berg, die Wettberger Mühle auf dem Mühlenberg, die Bassesche Mühle in Holtensen und die Sorsumer Mühle. Alle Mühlen sind noch erhalten, allerdings ohne Mühlenflügel. Eine Bockwindmühle in Roloven wurde 1913 abgerissen (vgl. Hagen/Neß, S.222ff und Hertel u.a., S.81).

Grundlage für den Erfolg des Mühlenwesens im Klosterort Wennigsen. Als allerdings neben der Obermühle im 19. Jahrhundert eine Sägemühle errichtet wurde, die ebenfalls Wasserkraft benötigte, war für alle Wasserräder nicht mehr genug Antrieb vorhanden. Die Sägemühle musste auf den Antrieb einer Dampfmaschine umstellen.

Neben den drei Mühlen im Ort hat es an den Bächen Wennigsens im 18. Jahrhundert noch weitere Wassermühlen gegeben. Eine Ölmühle am Güstebach, eine Grützmühle eines Müllers Wieboldt am Freibach[147] und eine Lohmühle zur Ledergerbung ebenfalls am Freibach, nach ihrem Hammerwerk Bokemühle genannt. Freibach wurde der seinerzeit noch nicht unterirdisch geführte Wennigser Mühlbach in Abgrenzung zum Mühlgraben genannt. Auch eine siebte Mühle soll sich in Wennigsen gedreht haben.[148]

Der Deister
Erfrischung im Naturbad

Am oberen Mühlendammweg liegt ein weiterer Mühlteich und der Mühlgraben plätschert idyllisch durch die Wennigser Gärten. Wegen der Treppen kann der obere Weg nur zu Fuß erkundet werden. Mit dem Rad fahren wir den Bröhnweg entlang, der rechts der Obermühle entlangführt.

Der Mühlendammweg, der auch Teil des 88 Kilometer langen Kanstein-Wanderweges von Hannover nach Alfeld ist, endet am Bröhnweg, auf dem wir unsere Tour zum nahen Deister fortsetzen. Der Name des Weges verweist auf den höchsten Berg des Deisters, den Bröhn, auf dessen Spitze der weit sichtbare Annaturm steht, dessen Waldgaststätte von Wandernden gern besucht wird.

Wir gelangen nun an einem Pumptrack für Mountain- und BMX-Biker entlang zum Naturbad Wennigsen 84, das im Sommer zum Baden einlädt. Es wird ohne Chlor oder Ozon betrieben und

Fischteiche am Bröhnweg.

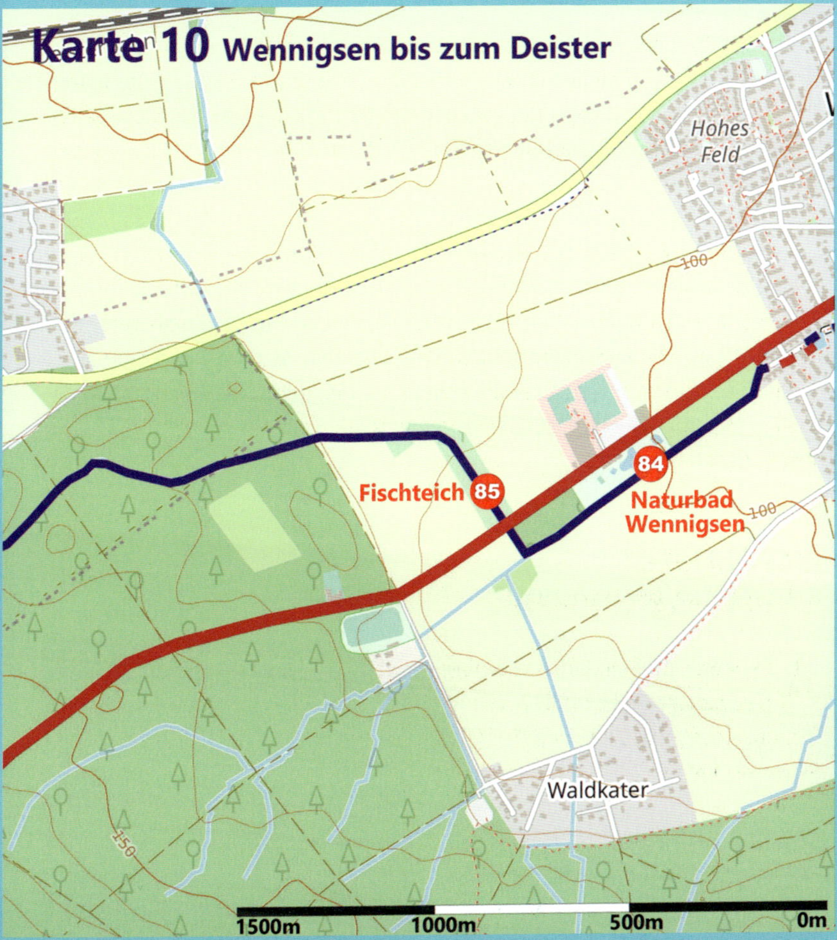
Karte 10 Wennigsen bis zum Deister
Hohes Feld
100
Fischteich 85
84
Naturbad Wennigsen
100
Waldkater
150
1500m
1000m
500m
0m

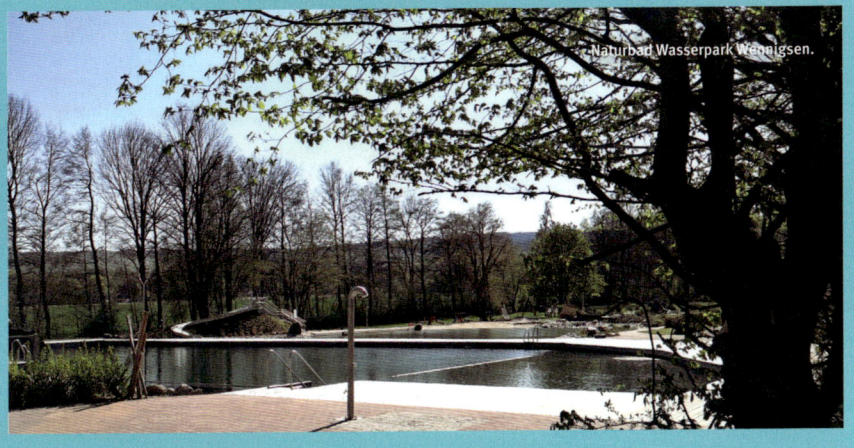

Naturbad Wasserpark Wennigsen.

mittels eines Regenerationsbeckens gereinigt und mit Sauerstoff angereichert. Wer Badesachen mitgenommen hat, kommt hier zu einem besonderen Badeerlebnis. Einst wurde das Naturbad direkt mit dem Wasser des Wennigser Mühlbachs gespeist. Wie beim Ricklinger Bad ist das wegen gestiegener Hygieneauflagen nicht mehr möglich. Heutzutage fließt das frische Wasser aus den Deisterquellen am Schwimmbad vorbei.

Das Quellgebiet des Wennigser Mühlbachs liegt an den östlichen Flanken des 403 Meter hohen Bröhn und des 390 Meter hohen Feldbergs. Als obere Quellen werden neben alten Stollenanlagen die Quellen des Bruchbaches an der Tellerkurve angegeben.[149] Auch am tiefer gelegenen Nachtflügelweg fließt Wasser aus mehreren Quellen des Bröhn über den Forellenbach und Nebenläufe in den Wennigser Mühlbach.

Deisterkohle
Das Wasser brachte den Durchbruch

Der Bruchbach im Deister speist den Wennigser Mühlbach.

Alle, die noch Kraft haben, können die Tour über den gut befestigten Weg am Bruchbach zwischen Bröhn und Feldberg entlang bis zu den Wasserrädern bewältigen. Oberhalb der Wasserräder befindet sich die untere Feldbergquelle, das Ziel unserer Tour entlang des Wennigser Mühlbachs. Wer sein Rad nicht am Sportplatz an der Deisterkante stehen lässt, muss sicherlich an einigen steilen Stellen absteigen. Dafür lohnt sich die anschließende Abfahrt. Das Radfahren ist im Deister erlaubt, sofern auf zu Fuß Gehende Rücksicht genommen wird.

Der Wennigser Mühlbach jedoch verlässt uns erst einmal in scharfem Knick nach rechts, wo er einen Fischteich 85 speist, an dem wir auf einer Bank eine Rast machen können. Oberhalb der Fischteiche mündet in den Wennigser Mühlbach der Forellenbach, der der Bachforelle

Karte 11
Wasserräder und Deisterquellen am Feldberg

L 39

S-Bahnhof Egestorf

Wennigser Mark

Barsinghausen

S-Bahnhof Egestorf - Wasserräder

150

200

250

200

150

250

200

200

300

250

Blanke-teich

86

Wasser-räder

87

88

Untere Feldberg-Quelle

300

250

250

300

350

200

350

Anna-turm

90
Bröhn
405 m

89

Obere Feldberg-Quelle

350

Sandkop
292 m

300

350

Wennigsen (Deister)

400

350

1500m   1000m   500m   0m

Blanketeich

Wasser des Bruchbaches zur Kohleförderung.

Erdeinbrüche.

Folgen der Kohleförderung im Deister.

Heimat ist. Wie an den ehemaligen Teichen am Fischerhof in Linden, wurde das Wasser der Ihme und ihrer Quellbäche über die Jahrhunderte gerne für die Fischzucht und zum Angeln genutzt.

Unser Weg führt den Wirtschaftsweg zum Bruchbach hoch, der in einen Weg namens Tellerkurve übergeht. Hier sind wir bereits mitten im Deister. Eine Tafel verweist darauf, dass bereits seit 1612 Kohle am Bröhn abgebaut wurde und ein Walderlebnispfad macht auf Tierspuren von Rotwild, Füchsen und Wildschweinen aufmerksam.

Es geht am Bruchbach weiter aufwärts zum Blanketeich **86**, an dem uns die Geschichte der Wassernutzung noch einmal einholt. In gewisser Weise schließt sich hier auch der Kreis unserer Ihme-Erzählung, denn noch einmal wird eine Beziehung vom Handelshafen und den Industriebetrieben an der Lindener Ihme-Mündung zu der Wasserkraft der Quellbäche hergestellt.

Der Lindener Unternehmer Johann Egestorff hatte sich 1807 die Bergbaurechte am Bröhn gesichert und hier zwei Schächte zum Kohleabbau angelegt. Den Dorotheenschacht und den Bröhner Schacht. Die Qualität der Kohle war hier am besten. Sein Sohn Georg Egestorff erweiterte 1834 bis 1836 den Kohleabbau noch auf den Hülsebrink und den Feldberg. Der Abbau war jedoch aufwändig, denn die Kohle aus den Schächten musste mühsam nach oben gezogen werden. Pferde waren an ein sogenanntes Göpelwerk gebunden, an dem sie im Kreis gehend die Zugkraft in die Mechanik brachten.

Egestorff versuchte sich daher 1866 das Wasser des Bruchbachs zunutze zu machen. Er staute das Wasser des Bruchbachs zu einem Teich, dem Blanketeich. Das Wasser konnte dann in Blechkästen fließen, die an Seilen als Gewichte in die 30 Meter tiefen Bergschächte abgelassen wurden. Mit der Kraft der wassergefüllten Kästen konnte die Kohle ans Tageslicht gehoben werden. Dieses System einer Förderanlage war aus dem Harz bekannt und beschleunigte und vervielfachte die Kohleförderung.

Das genutzte Wasser lief dann über den sogenannten Schachtsumpf unterirdisch wieder in den Wennigser Mühlbach und über die Ihme schließlich auch in Linden an Egestorffs Fabriken vorbei in die Leine. Die geförderte Kohle nutzte Egestorff für seine expandierenden Unternehmungen, vom Kalkbrennen bis zur Befeuerung der Öfen und Dampfmaschinen seiner Eisen-Giesserey und Maschinenfabrik, der späteren Hanomag.[150]

Kraft der Quelle
Wasserräder nicht nur für die Jüngsten

Oberhalb des Blanketeichs stehen die beliebten Wennigser Wasserräder 87. Rund 20 Mühlenmodelle sind seit 1957 jedes Jahr zwischen Mai und Oktober am Quellbach des Feldberges aufgestellt und symbolisieren die für die Entwicklung des Calenberger Landes so wichtige Nutzung des Deisterwassers. Hammerschmiede, Sägewerk und Wassermühlen aller Art als Miniaturmodelle werden durch den Bach angetrieben. Viele Menschen aus nah und fern fühlen sich von den Wasserrädern angezogen. Überall klappert und bewegt es sich. Gespeist wird das Schauspiel von der wasserreichen unteren Feldbergquelle 88. Für uns ist diese Quelle das Ende der Tour. Wir haben an diesem Punkt nach 30 Kilometern Wegstrecke und 170 Metern Anstieg eine Höhe von 220 Metern erreicht. Die Ihme-Mündung in die Leine ist von hier 25 Bach- und Flusskilometer entfernt.

Wer die höchste Quelle des Bruchbachs und damit des Wennigser Mühlbachs und der Ihme erklimmen möchte, müsste von hier aus noch auf den 390 Meter hohen Feldberg steigen 89.

Wie aus der kleinen Quelle an den Wasserrädern und den vielen weiteren kleinen Quellen oberhalb von Wennigsen und Bredenbeck in Hannover ein breiter Strom werden kann, ist kaum vorstellbar. Weit ist der Weg jedoch nicht. Ein Blick durch die Bäume lässt Hannover am Horizont recht nah erscheinen. Das 18 Kilometer Luftlinie entfernte Heizkraftwerk in Linden, an dem unsere Tour entlang der Ihme begann, ist mit bloßem Auge gut zu erkennen.

Wer noch den nördlichsten Vierhunderter des europäischen zentralen Festlandes erklimmen möchte, kann sich zum dreißig Fußminuten entfernten Bröhn aufmachen, auf dessen Spitze der Annaturm 90 zum Rundblick über das Calenberger Land einlädt. Auch das Steinhuder Meer und hin und wieder der Brocken sind vom höchsten Punkt des Deisters aus zu sehen. Und in der Waldgaststätte am Annaturm mit angeschlossenem Biergarten empfängt Familie Plinke gerne hungrige Gäste.

Wasserräder Wennigsen.

Miniaturseilbahn und -Sägewerk

Feldbergquelle an den Wasserrädern.

Der Weg zurück führt über den Königsweg bergab zum Bahnhof Egestorf, der Bahnstation der Deisterkohlebahn, deren Eröffnung der fast gleichnamige Georg Egestorff 1872 nicht mehr miterlebt hat.

In 20 Minuten ist die S-Bahn zurück in Linden, in 25 Minuten am Hauptbahnhof Hannovers.

Natürlich sind der weiteren Gestaltung der Deistererkundung keine Grenzen gesetzt. Zu empfehlen ist jedoch für diejenigen, die noch Zeit dabei haben, der Kammweg über den Deister. Es radelt sich vom Bröhn wie von selbst auf dem sanften Deisterrücken bis zum Steinkrug hinab. Anders als die steilen Wirtschaftswege, lässt sich der Kammweg in Nord-Südrichtung sanft hinabgleiten. Vom Annaturm bis zum Steinkrug sind es neun Kilometer Abfahrt. Zwischendurch gibt es herrliche Ausblicke an der Bielsteinhütte nach Westen über das Weserbergland oder vom Kalenberg nach Osten über das Calenberger Land. Auch lässt sich an der den Kammweg querenden alten Hannoverschen Heerstraße die Söltjequelle finden, an der einst die vom Aufstieg erschöpften Pferde getränkt wurden. Die Söltjequelle fließt, wie alle Quellen östlich des Kammweges, in die Ihme.

Diejenigen, die Ihme, Wennigser Mühlbach, Deisterkamm, Bredenbecker Bach und zurück nach Hannover als Rundtour erkunden haben, können auf insgesamt 68 Kilometer Wegstrecke und ordentlich Steigung zurückblicken.

Die Zukunft der Ihme
Gesamtkonzept eines Natur- und Erlebnisraumes

Zum Ende der Reise an die Ufer der Ihme und ihrer Quellbäche soll noch etwas Zeit bleiben, über die Eindrücke nachzudenken.

Für mich war vor allem beeindruckend, wie erholsam die Ihme auf mich wirkt. Vielleicht ist es einfach nur der Abstand vom Alltag, vielleicht aber auch das Wesen eines Flusses und seiner Umgebung. Mit ein paar Radumdrehungen verschwindet die Stadt hinter meinem Rücken. Luft atmen, Wege entdecken, Licht aufnehmen, Tiere hören, Wiese fühlen, Wasser spüren, Beeren schmecken, auf dem Asphalt gleiten, den unebenen Feldweg wahrnehmen, das Surren des Rades, der Geruch der Deisterbäche, Zeit vergessen.

Ich weiß nicht, ob es nur mir so geht, doch der gleichmäßige Tritt in die Pedalen treibt nicht nur das Rad an. Die Fortbewegung in der sich weitenden Natur sortiert auch Gedanken neu, stellt Fragen anders als in einem geschlossenen Raum. An der Ihme sind es Fragen zu meinem Bezug zum Fluss und seiner Landschaft. Welche Natur mag ich eigentlich, wann ist für mich ein Fluss ein Fluss?

Alte Hannoversche Heerstraße.
Handelsweg über den Deisterkamm.

Ihme zwischen Devese und Kückenmühle

Ihme-Ufer in Linden-Süd.

So entsteht entspanntes Urlaubsgefühl. Das Betrachten der Dinge aus einer anderen Perspektive. In diesem Fall vom Wasser aus. Zentral in dieser Ausarbeitung ist der Blick auf das Wasser und die Bedeutung des Kultur- und Naturraums vor unserer Haustür für uns Menschen.

Ich hoffe natürlich, diejenigen, die sich nun mit Neugier zur Ihme aufmachen, ähnlich mitgenommen zu haben.

Je häufiger ich an der Ihme unterwegs bin, desto mehr Respekt habe ich vor dem Fluss und seiner Geschichte. Die Bedeutung der Ihme für die Entwicklung Hannovers, die Bedeutung des Wassers für Industrie, Nahrung, Wäsche, Baden, Angeln, Schiffe, Boote, Energie, Landwehr, Leinen, Zucker, Transport, Mühlen, Ziegeleien, Rittergüter, Fische, Vögel, Insekten, Pflanzen.

Umso unverständlicher ist es, dass dieser Natur- und Kulturraum nie richtig entdeckt, geschweige denn erschlossen wurde. Die drei von der Region Hannover ausgewiesenen Radrouten in den Deister sind lückenhaft und führen über Vorrangstraßen für den Autoverkehr. Straßen im Calenberger Land werden ohne Radwege neu gebaut, als ob unser attraktives Mittelgebirge als radtouristisches Ziel gar nicht existiert. Der Flusslauf der Ihme kommt als eine wesentliche Verbindung Hannovers in den Deister überhaupt nicht vor. Dabei haben wir mit der Region Hannover ausdrücklich eine Gebietskörperschaft, die für die übergeordneten Belange der Kommunen zwischen Hannover und Deister zuständig ist.

Noch ist die Ihme in den meisten Abschnitten ein überformter, seiner Natur entfremdeter Fluss. Immer noch belastet, kanalisiert und von überdüngten Feldern

eingerahmt. Schnellwege zer-
schneiden den Flusslauf und
Wald an den Deisterbächen
wird mit schweren Fahrzeugen
bewirtschaftet.

Was zu tun ist

Für ein Gesamtkonzept der
Ihme braucht es das Engage-
ment, die bereits renaturierten
Flussabschnitte zu Biotopver-
bünden zu entwickeln und diese für einen sanften Tourismus
sichtbar und erfahrbar zu machen. Das erhöht nicht nur die
Anziehungskraft der Region,
sondern verbessert auch die
Lebensqualität vor Ort.

Hoffnung machen mir die Pläne auf europäischer und natio-
naler Ebene, sich mehr der Bedeutung gesunder Flüsse zu
widmen. Gerne auch sehr ei-

Ihme-Niederung bei Wettbergen.

gennützig. Für sauberes Wasser, für eine gesunde und vielfältige Flora und Fauna,
als Schutz vor Hochwasserereignissen und als Erholungsraum für uns und unsere Kinder.

Die ersten Versuche an der Ihme sind gut gelungen. Renaturierungen bei Hemmingen, Ihme-Roloven, Vörie und Wennigsen weisen den Weg, wie Begradigungen
wieder zurückgenommen werden können und Auen neu entstehen. Doch die Maßnahmen waren jeweils Kompensationen für den Bau noch breiterer Straßen, Bar-
rieren und Versiegelungen an anderer Stelle. In Zukunft braucht es andere Heran-
gehensweisen als diese Art des Ablasshandels. Es braucht eigenständige Projekte,
die das gesamte Ökosystem des Flusses einbeziehen. Auch größere Projekte wie
beispielsweise an der Leine bei Nienburg, wo auf dreißig Hektar eine Auen-Land-
schaft neu entstand, können als Vorbild dienen.

Herbst in Bettensen.

Kürbisfeld.

Auch die Stadt Hannover hat mit der Renaturierung der Wietze im Norden der Stadt erste Erfahrungen mit Fluss-Renaturierungen gesammelt. Biotope sollen entstehen, Gehölze dafür sorgen, dass sich Libellen-, Amphibien- und Vogelarten ansiedeln. Wir brauchen mehr dieser Projekte. Viele Vorhaben sind bereits skizziert, warten aber auf Umsetzung. So hat die Region Hannover bereits 2015 in einer Wasserstudie zur Naherholung wichtige Ziele für die Flüsse und Bäche der Region formuliert: Fließgewässer in die Stadt- und Dorfgestaltung einbinden; Wasser sichtbar machen und Zugang für die Menschen schaffen; Hochwasserprofile naturnah gestalten; geeignete Kleinflüsse nutzbar machen für Paddelboote, Kanus oder Flachkähne; bestehende und ehemalige Standorte von Wassermühlen einbeziehen und Quellen als Ausflugsziele mitdenken; Bachufer und Bachbrücken aufweiten und pflegen; Wege entlang der Ufer der kleinen Flüsse anlegen; Wegekreuzungen attraktiver gestalten, etwa mit Rasttischen; Aufenthaltsplattformen entlang der Flussläufe anbieten.[151]

Wietze-Renaturierung 2021.

Beispiel der Mäandrierung eines Wasserlaufes in Hannover.

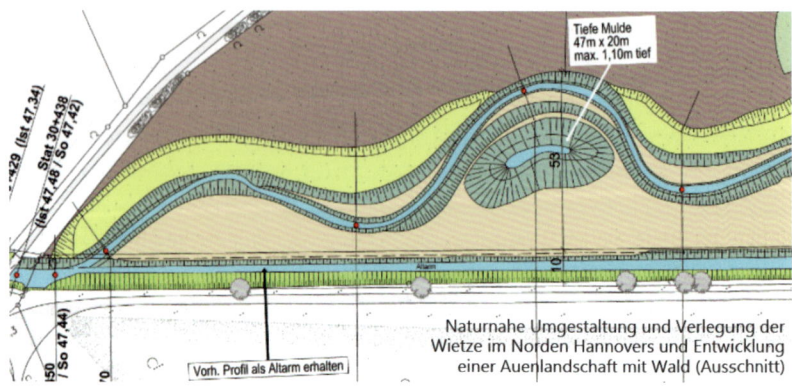

Naturnahe Umgestaltung und Verlegung der Wietze im Norden Hannovers und Entwicklung einer Auenlandschaft mit Wald (Ausschnitt)

Ihme im Ricklinger Holz.

Ideen gibt es viele, doch es passiert zu wenig. An der Ihme und ihren Quellbächen fehlt es an der durchgängigen Erfahrbarkeit des Flusslaufes. Dafür braucht es einen Blick auf die Infrastruktur der Fuß- und Radwege. Lücken müssen dringend geschlossen werden. Zwischen Vörie und Evestorf wurde die Wegeverbindung beim Bau der B217 einfach ersatzlos durchtrennt. Aus dem Weg sind jetzt zwei Sackgassen geworden, die unüberwindbar jeweils an den Leitplanken der Bundesstraße enden.

Andererseits rücken mit der Zunahme von E-Bikes auch vormals vom Nahverkehr verhältnismäßig abgehängte Dörfer wie Ihme-Roloven, Vörie und Evestorf plötzlich deutlich näher an Hannover heran. In einer guten halben Stunde ist Hannover mit dem E-Bike von Ihme-Roloven aus an der Ihme entlang zu erreichen. Eine Zeitspanne, die in urbanen Ballungsräumen zu den üblichen Fahrzeiten gehört.

Neben der Erreichbarkeit braucht es die Sichtbarkeit der Ihme und ihrer Quellbäche. Das geht nur über das Aufweiten des Flussbettes, das Anlegen von Kiesflächen, das Abflachen der Ufer und die Mäandrierung, also die Wiederherstellung der natürlichen Flusswindungen. Zu häufig liegt die Ihme zu tief in ihrem Kanalbett.

Radwanderweg vor Bredenbeck.

Rechts die Bäume am Bredenbecker Bach, im Hintergrund
der Deister im Herbstnebel.

Die Pläne der Region Hannover, am Beekestrand, an der Kückenmühle, am Ortseingang von Wennigsen und an der unteren Mühle in Bredenbeck weitere Renaturierungsmaßnahmen vorzunehmen, müssen mit Nachdruck vorangetrieben werden. Die Ansiedlung der Wasserbüffel und die traumhafte Landschaft der Stapelteiche sollten ermutigen, mehr zu machen.

Durch Abgrabung, Verbreiterung und Mäandrierung kann mehr Volumen erreicht werden, also mehr Wasseraufnahme und Verringerung der Fließgeschwindigkeit. Neben den Flussauen, die Wasser aufnehmen können, ist das auch die wirksamste Maßnahme eines vorbeugenden Hochwasserschutzes.

Wie wichtig Hochwasserschutz ist, zeigen Berechnungen aus 2022, nach denen in Hannover durch klimatische Veränderungen mit bis zu einem Meter höheren Hochwassern als bisher zu rechnen ist. Es erscheint in diesem Zusammenhang grob fahrlässig und aus der Zeit gefallen, dass im gleichen Jahr die Verbreiterung eines Schnellwegdammes entlang der Ihme geplant wird, der Aufschüttungen und Versiegelung des Überschwemmungsgebietes nach sich zieht.[152]

Die europäischen Wasserrahmenrichtlinien erfordern es, bis 2027 sämtliche Gewässer in einen guten chemischen und ökologischen Zustand mit charakteristischen Flussstrukturen zu bringen und ein europäisches Renaturierungsgesetz soll kanalisierten Flüssen wieder mehr Raum geben. In Niedersachsen ist 2020 über alle großen Parteien hinweg auf Druck eines Volksbegehrens der „Niedersächsische Weg" beschlossen worden, der breitere Gewässerrandstreifen, Gewässerschutz und Biotopverbünde vorsieht.

> Wir haben Kanäle, wir wollen Flüsse. Das ist nicht nur für die Natur gut. Das ist für den Menschen gut. Es ist ein Erlebnis.
> *Heinrich Pyka, Anglerverband Niedersachsen, 2022*

Bei der Präsentation einer sehr bemerkenswerten Idee zur Renaturierung des Leine-Ufers zwischen der Altstadt Hannovers und der Calenberger Neustadt,[152a] unterstrich Heinz Pyka vom Anglerverband Niedersachsen die Notwendigkeit von Maßnahmen: „Wir haben Kanäle, wir wollen Flüsse. Das ist nicht nur für die Natur gut. Das ist für den Menschen gut. Es ist ein Erlebnis. Wasserrahmenrichtlinien sind umzusetzen."

Verbunden damit braucht es auch ein neues Verständnis der zu erhaltenden Kulturgüter des Calenberger Landes. Dazu gehören natürlich in erster Linie die Wassermühlen. Nur ein einziges Mühlrad ist noch zu sehen, Hinweise fehlen, Gebäude sind vernachlässigt. Auch die Eigentümer sind gefragt. So droht die leer stehende Wassermühle in Vörie, die sehr markant über der Ihme thront, für immer zu verfallen.

Die Natur zurückerobern

Aber auch das immaterielle Gut der Kulturgeschichte des Calenberger Landes kann stärker in das Bewusstsein geholt werden. Die landschaftliche Besonderheit des Deistervorlandes, das die Großstadt Hannover mit dem nördlichsten Mittelgebirgszug der Republik verbindet. In einer Studie der niedersächsischen Landesforsten wurde deutlich, welche Strahlkraft Waldregionen wie der Deister als „Sehnsuchtsorte" für die Bevölkerung in nahezu waldfreien Regionen zwischen Hannover, Oldenburg und Bremen haben.[153]

Das Nahverkehrssystem der Region Hannover birgt insbesondere für den sanften Tourismus erhebliches Potenzial. Dafür müssen sich aber Gemeinden, Hotels und Gastronomie im Calenberger Land auch als eine Einheit verstehen. Der Bredenbecker Hof in Bredenbeck wirbt beispielsweise mit dem Verleih von E-Bikes, steht aber noch recht allein da. Dazu muss die Radinfrastruktur erheblich ausgebaut werden. In anderen Städ-

Reste eines Feldrandgehölzes bei Sorsum.

ten ist das bereits selbstverständlich. Die Radregion Rheinland vermarktet den Raum zwischen Bonn und Köln als Stadt- und Kulturraum. Der Ausflug im westfälischen Münsterland erfolgt gerne mit dem Rad, Wasserburgen sind dort beliebte Ausflugsziele, Landgasthöfe konkurrieren mit hoher Qualität. An der Ihme gibt es mit den Rittergütern Münchhausen und Knigge zwei Wasserburgen mit bedeutsamer Geschichte, ihr Bekanntheitsgrad ist aber überschaubar.

Angebote an Groß und Klein, jenseits der herkömmlichen Formate, könnten die Neugier wecken. Beobachtungsstationen wie an den Stapelteichen setzen bereits erste wichtige Akzente. Es fehlt aber eine Ansprechperson oder begleitendes Informationsmaterial zur Entdeckung der Wildnis. Für uns entfremdete Städter braucht es ein wenig didaktische Hilfe, Natur zu begreifen. Darf ich meine Füße im Wasser baumeln lassen, kann ich das Quellwasser trinken, welche Gefahren erwarten mich im Wald, wer erklärt mir die Wasserbüffel? Zusammenhänge bedürfen der Erläuterung. Welche Bedeutung hat das Ihme-Wasser für uns, wie funktioniert der Lebensraum Ihme, kann ich selbst beitragen, einen Fluss wie die Ihme zu gestalten und zu verbessern?

Tuscheblaue Wassermoloküle.

Video-Installation von Anne Nissen, Kesselhaus an der Ihme-Mündung, 2022.

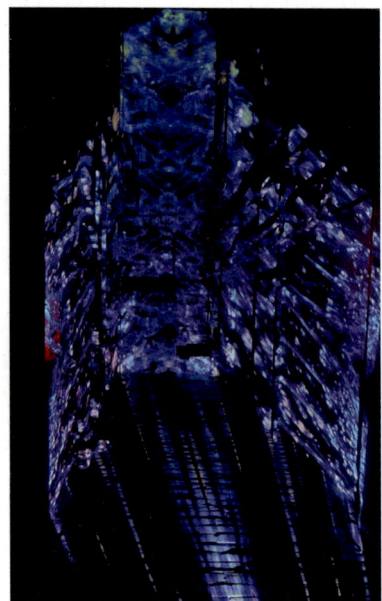

Mit diesen Fragestellungen können wir auch ein neues Verständnis für das Flusssystem der Ihme und ihren Quellbäche erwecken. In Gesprächen mit Menschen an der Ihme werden mehr Bedenken als Chancen geäußert. Der Bredenbecker Bach ist über die Ufer getreten und hat unsere Keller überflutet. Deshalb muss der Mühlteich entschlackt und der Verlauf verbessert werden. Die Beeke in Ricklingen wird als Gefahr gesehen, die gemeinsam mit der Leine die Deichkrone erreichen kann. Den Hochwassererinnerungen wird mit einem Deichfest gedacht. Der Blick auf den Hochwasserschutz ist lobenswert, er könnte sich aber mit mehr Selbstbewusstsein verbinden, das sich aus der Schönheit und dem Wert der Gewässer und ihrer Auen speist.

Das gelungene Ensemble von Bach, Teich, Mühle und Rittergut in Bredenbeck oder der Mühlgraben mitten durch Wennigsen sind diese Kleinode, die es hervorzuheben gilt. Und auch an der Ihme in Hannover entdecken Menschen das Wasser neu, zum Baden, auf einer Bootsfahrt oder als transzendente Inspiration. So hat die Künstlerin Anne Nissen im denkmalgerecht sanierten Kesselhaus der ehemaligen Bettfedernfabrik Werner und Ehlers 2022 mit einer Video-Installation das Element Wasser neu sichtbar gemacht. Einst wurde das Ihme-Wasser im Kesselhaus erhitzt, um die Bettfedern zu reinigen. Heute wirke es, so der Journalist und Hochschullehrer Wilfried Köpke, „als sei die industrialisierte Welt schon vergangen und als hätte das Andere, das Ursprüngliche, die Natur, die Rückeroberung bereits begonnen.'"[154]

In Nationalparks gibt es Angebote, wie Wegeführung, Aufenthaltsorte und didaktische Begleitung. Weshalb sollten wir nicht in der Region Hannover einen ähnlichen Anspruch geltend machen? Die Region Hannover hat bislang nicht genug zur Umsetzung der europäischen Biodiversitätsstrategie beigetragen. Vor allem für die Wiederherstellung von Flora- und Fauna-Habitaten eignet sich die Ihme und ihr Landschaftsraum hervorragend. Die Ihme- und Leine-Auen sind über die vergangenen Jahrzehnte

Eisgang auf der Ihme:

– Fährmannsufer
– Capitol
– Ricklingen

Wehmütig mag man sagen, nichts ist hier so, wie es früher war. Aber war es früher schöner, harmonischer, gemeinschaftlicher? Haben wir vielleicht ein falsches Geschichtsbild?
Carl-Hans Hauptmeyer, Historiker, 1983

mehr und mehr Rückzugsraum von Tieren und Pflanzen geworden. Es sollte ein Ziel sein, diesen Artenreichtum der Stadt Hannover anzuerkennen, zu schützen und die Verbreitung zu ermöglichen.

Bei der Rückkehr der Natur in die dicht besiedelten Städte zeigt sich, dass nicht der Mensch an sich Natur stört, sondern sein Umgang mit der Natur. Naturschutz funktioniert dementsprechend am besten, wenn wir eine Vorstellung davon entwickeln, was Natur braucht und was Natur für uns bedeutet. So sind Schutzräume für die Flora und Fauna wichtig, doch wirken sie auch abweisend. Wenn wir Natur nicht erfahren können, bleibt unser Verständnis für sie lückenhaft. Wenn wir unsere Flüsse für Menschen öffnen, können wir ein Bewusstsein für die Zusammenhänge schaffen. Gerade in einer dicht besiedelten Stadt sind die Erfahrungsräume wesentlich. Der Ökologe Josef Reichholf fordert uns auf, Naturerfahrung näher in den Bildungskontext zu rücken: „In den Städten ist es besonders wichtig, den Aussperrnaturschutz zu beenden, um die Menschen, vor allem Kinder und Jugendliche, wieder besser an die Natur heranführen zu können (...) Dickicht und Wildwuchs sind mindestens genauso nötig; vielleicht viel wichtiger – und kosten nichts."[155]

So hoffe ich, dass meine Reise an der Ihme entlang nicht nur als Anklage gegen die industrielle Zerstörung des Wassers und der Flusslandschaften verstanden wird. Auch soll sie nicht rückwärtsgewandt romantisieren. Ich möchte vielmehr den Blick auf die Potenziale richten, wie die Ihme in ihrem heutigen Umfeld neu gesehen und ge-

Ihme an der Kückenmühle.

Am Strand in Hannover – Sonnenuntergang an der Ihme-Mündung.

Grafik: Swantje Osburg

staltet werden kann. „Wehmütig mag man sagen, nichts ist hier so, wie es früher war. Aber war es früher schöner, harmonischer, gemeinschaftlicher? Haben wir vielleicht ein falsches Geschichtsbild?" [156] Diese Frage von Carl-Hans Hauptmeyer, dessen Beschreibung der Ihme in den 1980er Jahren allen Anlass zur Sorge geben konnte, bleibt aktuell. Heute gibt es aber bereits gute Beispiele, die zu einem Gesamtkonzept Lebensraum Ihme erweitert werden können. Jede Radfahrt, jeder Spaziergang entlang der Ihme ist nicht nur das schöne Stück Natur vor der Haustür, sondern kann auch Teil dieses Gesamtkonzeptes aus Naturschutz und Erholungsraum werden.

Dank

Auf meiner Reise die Ihme entlang habe ich viele hilfsbereite Menschen getroffen. Besonderer Dank gilt Heike Köhn für das Lektorat, meinen drei Kindern für die tatkräftige Begleitung bei der Ihme-Erkundung, Katrin Grützemacher, Matthias Meiser sowie Konstanze und Volkmar Kerck für die Gastfreundschaft in Wennigsen und Wettbergen, Horst Schmiedchen vom Heimatverein für seine Details zu Evestorf, Heinz Mensing für die Wissensvermittlung aus der Heimatstube Bredenbeck, Michael Jürging für sein historisch quadratmetergenaues Kartenmaterial, Susanne Böhmer und Michael Kaiser für die Öffnung des Lindener Geschichtsarchivs, Ilse Gottwald für ihre Kunstschätze, Erika Knoop für den wertvollen Lindener Samt aus dem Textilmuseum, Gerhard Krick vom NABU Wennigsen für seinen Einsatz für die Biotope, Johnny Peter nicht nur für die Adressbuchhilfe, Horst Bohne für den frühen Lindener Blick auf die Ihme, Wolfram Hänel für die Veröffentlichungstipps, Yvonne Zein für die Beeke-Bad-Berichte, Swantje Osburg für den Sonnenuntergang an der Ihme-Mündung, Dirk Hillbrecht für technischen Support, Dirk Eberitzsch von Leuenhagen und Paris für das gute Gespür, Sarah Kölbel für das inspirierende Layout und meiner Mutter für die Naturerkenntnis unter der Lupe.

Autor

Daniel Gardemin, Jahrgang 1967, lebt mit seiner Familie an der Ihme-Mündung in Hannover-Linden, mütterlicherseits mit Wurzeln im Calenberger Land. Er ist promovierter Sozialwissenschaftler und Ratsherr der Landeshauptstadt Hannover.

Als Mitglied des Stadtentwicklungs- und Bauausschusses ist er mit den Fragen der Stadtentwicklung betraut und hat als Vertreter der Stadt Hannover in der Curie der Calenberg-Grubenhagenschen Landschaft einen geschärften Blick, der von Hannover bis zum Deister reicht.

Impressum

© Leuenhagen & Paris

1. Auflage

Herausgeber
Verlag Leuenhagen & Paris
Lister Meile 39, 30161 Hannover

Konzept und Text
Daniel Gardemin, www.gardemin.de

Lektorat
Heike Köhn

Layout, Satz und Gestaltung
Sarah Kölbel

Druck
Gutenberg Beuys, Feindruckerei GmbH,
Printed in Germany

ISBN
978-3-945497-23-4

Anhang

Fußnoten

(1) Wendt 46, (2) Sonne 374, (3) Udolph/Ohainski 231, s.a. Hertel u.a. 54, (4) Rischbieter 242, (5) Schröder/Auffahrth/Kohler/Priebs 259, (6) Jürgens 1929 51, (6a) Buschmann 187, (7) Grupen 1740 38, zu den Flurbezeichnungen 69, (7a) BBSR, (8) Debo, (9) Gramsch 571, (10) Schröder/Auffahrth/Kohler/Priebs 21f, (11) Mlynek 384, (12) Meschkat-Peters 2001 51, (13) Schröder/Auffahrth/Kohler/Priebs 22, (14) Klein 58, (15) Schröder/Auffahrth/Kohler/Priebs 197, (16) v. Meding 2010, (17) Urban 88, (18) Hoppe 236, (19) Hauptmeyer 80, (20) Rischbieter 37, (20a) Mlynek/Röhrbein 237, (21) Engelke, (22) Röhrbein 145, (23) Klein 59, (24) Phillips, (25) Meschkat-Peters 1998 52, (26) Ersche/Gruber 49, (27) Saul, (28) Engelke 4, (29) Hauptmeyer 104, (30) Bachmann 79, (30a) Bohlius/Leonhardt 51, (31) Mlynek/Röhrbein 294, (32) Buschmann 42f, (33) Westermann 321f, (34) Buschmann Stadtkarte als Faltplan im Anhang und Otto Brenner Akademie, 36f, (35) BMVI 13, (36) Grotefend/Fiedeler 372, (37) Kleeberg 113, Leonardt 236, (38) Andrae 57, (39) Kleeberg 52, (40) Patje 1817 81, (41) Leonhardt 236 u. Tafel IV, (42) Mlynek/Röhrbein 196, (42a) Mlynek/Röhrbein 267, (43) Patje 1817 81, Mlynek/Röhrbein 186, (44) Grotefend/Fiedeler 372, (45) Grotefend/Fiedeler 372, (46) Goos 222, (47) Hartmann 295, (48) Grupen 1737 545, (49) Mlynek/Röhrbein 15, (50) Leonhardt 149ff, (51) Goos 311, (52) Papko/Reuter, (52a) Engelke 111, (52b) Rischbieter 149, (53) Mlynek 84, (54) Hartmann 170, zum Pfahlklettern auf dem Lindener Schützenplatz Engelke 125, (55) Hesse, (56) Hartmann 296, (56) Städtisches Presseamt, (57) Mlynek/Röhrbein, (58) Schnath 141, (59) Klein 58, (60) Tasch 103, (61) Nielsen 58, (62) Nielsen 57, (63) Nielsen 55, (64) Hörner 325, (65) Schulze und co. 47, (65a) Repplinger, (66) Tasch 104, (67) Rischbieter 37, (68) Moritz Jahn nach Rischbieter 148, (69) Schüller 6, (70) Krauss 275, (71) Mlynek/Röhrbein 442, (72) Neues Hannoversches Magazin 1146, (73) Altenburger, (74) Niedersächsisches Ministerium für Umwelt, Energie, Bauen und Umweltschutz 2, (75) Hannoverscher Ruderclub, (75a) Buschmann 209, (75b) Engelke 84, (76) Landeshauptstadt Hannover, Hochwasserschutz 8, (77) Bohne, (78) Hagen/Neß 361, (79) Leonhardt 148, (80) Jürgens 1929 146, (81) Hirschfeld 345f, (81a) Walter, (82) v. Meding 2017, (83) Bachmann 79, (84) Schmiedchen 305, (84a) Jürgens 1907 365 und Rothenburg 96, (85) Drangmeister 90, (86) Klein 58, (87) Stöver 56, (88) Benne 2016, (89) Schunk, (90) Schade 2018, (91) Gebhardt 85, (92) Gebhardt 85, (93) Seifried, 76, (94) Heimatbund Niedersachsen 22, (95) Hauptmeyer 20, (96) Hauptmeyer 13, (97) Wegner 319ff, (98) Binding 19, (99) Dannowski 2000 73f, (100) Hauptmeyer 13, (101) Schwade, (102) Hauptmeyer/Rund/Streich 29ff, (103) Hauptmeyer 129, (104) Dannowski 2000 73, (105) Wendt 44, (106) Brassert 225, (107) Warenzeichenblatt 723, (108) Heimatbund 50f, (109) Stöber 55, (110) Gebhardt 84, (111) Fricke 273, (112) Fricke 273f (113) Seifried 75f, (114) Linnemann, (115) Kleeberg 119, (116) Hauptmeyer 121, (117), Lippert, (118) Schade 2013, (119) Drangmeister 100ff, (120) Raabe 421ff, (121) Patje 1796 368, (122) Stöber 58, (123) v. Jan, (124) Klein 57, (125) Schmiedchen 307, (126) Schmiedchen 25, (127) Hamm 55, (128) Schmiedchen 312, (129) Schmiedchen 315, (130) Schmiedchen 305, (131) (132) Kaeding 12ff, (133) Staudte, (134) Schröder/Auffahrth/Kohler/Priebs 35ff, (135) Grube, (136) Hermann, (137) Dannowski 2009, (138) Blazek 282 u. 305f, (139) Dannowski 2009 99 u. Gewecke, (140) Historische Kommission für Niedersachsen 185, (141) Gauss/Schering/Brendel 470, (142) Schröder/Auffarth/Kohler 77ff, (143) Malecha, (144) DB Mobil, 52f, (145) Merian/Zeiller 202, (146) Gebhardt 82f, (147) Gebhardt 83, (148) Lutz/Bensch 298, (149) Ortschronik Friedrich Wüllner, (150) Deisterbergbau, (151) Region Hannover 29, (152) Schinkel, (152a) Rückerl, (153) Gardemin/Kleinhückelkotten/Neitzke, (154) Strebe, (155) Reichholf 298, (156) Hauptmeyer 8

Bildnachweise

Alle Fotografien und Illustrationen von Daniel Gardemin, ausgenommen:

S.8: Jens Schade 2011: Damals als die Leine schäumte, in: https://www.myheimat.de/hannover-seelhorst/kultur/die-doehrener-wolle-gab-kund-und-zu-wissen-m1434535,1285374.html

S.12: Johann Heinrich Ramberg (1763-1840) um 1798: Hannover – aufgenommen von der Westseite am Leine-Strom, Historisches Museum Hannover

S.13: Wilhelm Hauschild (1902-1983) 1951, Fähre am Justus-Garten, HAZ-Hauschild-Archiv, Historisches Museum Hannover

S.15: Axel Heise 2018: Hannover-Linden mit Ihme-Zentrum, alle Rechte bei Axel Heise, Hannover

S.18: Mechanische Weberei zu Linden um 1920, Werbeplakat, Sammlung Geschichtswerkstatt Linden

S.19: Lindener Samt, Mechanische Weberei zu Linden 1937: Ausstellungsplakat, Exposition Internationale Paris 1937, Sammlung Geschichtswerkstatt Linden

S.20: Gaswerk an der Glocksee um 1900, in Grohmann, S.98

S.22: Gaswerk und Ihme-Hafen o.J., in: Hauptmeyer, S.96

S.23: Wilhelm Riedel 1912: Neubau Ihme-Brücke , Ballonaufnahme, Historisches Museum Hannover

S.24: Ihme-Hafen 1885: Sammlung Geschichtswerkstatt Linden

S.25: Burchard Giesewell (1785-1856) 1832: Johann Egestorff, „Kalkjohann", im Alter von 60 Jahren, in: Hertel, Peter u.a. (Hg.), S.97

S.32/33: Elias Holwein (1579-1659) 1636, in: Hartmann, S. 246

S.37: Gaststätte Lindenhof um 1910: Sammlung Geschichtswerkstatt Linden

S.40: Wilhelm Spengemann (1851-1918), in: Sperlich, Bernd 2016, https://www.myheimat.de/hannover-mitte/kultur/typisch-hannover-schuetzenfest-und-riemkens-un-snurren-op-calenberger-platt-d2775173.html

S.41: Neues Flussbett 1936, in: Hannover, Städtisches Presseamt 1936

S.42: Gustav Macke (1875-1958) 1936, in: Tasch 1986, S. 102

S.43: Willy Hoehl 1901: Lithographische Kunstanstalt Hannover, Ansichtskarte, https://commons.wikimedia.org/wiki/File:Willy_Hoehl_Ansichtskarte_234_Schröders_Fluss-Bade-Anstalt_Hannover,_Vierbildkarte_Lithografie.jpg, „Willy Hoehl Ansichtskarte 234 Schröders Fluss-Bade-Anstalt Hannover, Vierbildkarte Lithografie", als gemeinfrei gekennzeichnet, Details auf Wikimedia Commons: https://commons.wikimedia.org/wiki/Template:PD-old

S.44: Bibliografisches Institut in Leipzig 1888, Scan by Bernd Schwabe in Hannover, https://commons.wikimedia.org/wiki/File:Stadtplan_Hannover_1888_Meyers_Konversations-Lexikon_4._Auflage_200dpi.jpg, „Stadtplan Hannover 1888 Meyers Konversations-Lexikon 4. Auflage 200dpi", https://creativecommons.org/publicdomain/zero/1.0/legalcode, Ausschnitt mit eingezeichneten Ortshinweisen von Daniel Gardemin, nach Städtisches Tiefbauamt Hannover 1921,

HR XB 5b Nr.11

S.45: Maxim Altenburger 2021: Renaturierungsmaßnahmen in Kombination mit naturnahen Badestellen, in Altenburger 2021

S.54/55: E. Braun 1754: Plan von der Ohe bey Hannover, in: Niedersächsisches Kartenarchiv HSTAH Kartensammlung Nr. 12 e Linden 54 pm, https://www.arcinsys.niedersachsen.de/arcinsys/digitalisatViewer.action?dctailid=v4520978

S.64: Gänsebad am Großen Ricklinger Teich 2022, mit freundlicher Genehmigung Heike Köhn

S.67: Beekebad, in Schunk, S. 25

S.68: Klusmannmühle, in: Hagemann

S.74: Doppelradnadel, in: Wegner, S. 323

S.75: Kanalisierte Ihme, in: Hauptmeyer, S. 129

S.79: Barbarossabrunnen 1895, in: Kaiserliches Patentamt, S. 38

S.79: Lloydbrunnen, in: Ilgen/Schindelbeck, S. 53

S.80: Schwimmbad Kückenmühle um 1930, Ansichtskarte, in Hertel u.a., S. 105

S.85: Gottfried Franz (1846-1905): https://commons.wikimedia.org/wiki/File:Gottfried_Franz_-_Munchhausen_flying_with_ducks.jpg, „Gottfried Franz - Munchhausen flying with ducks", als gemeinfrei gekennzeichnet, Details auf Wikimedia Commons: https://commons.wikimedia.org/wiki/Template:PD-old

S.87: Alfred Brecht: https://commons.wikimedia.org/wiki/File:Wappen_Ihme-Roloven.png, „Wappen Ihme-Roloven", als gemeinfrei gekennzeichnet, Details auf Wikimedia Commons: https://commons.wikimedia.org/wiki/Template:PD-Coa-Germany

S.94: Zuckerfabrik Weetzen, in: Lutz/Bensch, S. 159

S.95: Wasserbüffel am Ihme-Umfluter bei Vörie und an den Stapelteichen (4 Fotos), mit freundlicher Genehmigung Heike Köhn

S.97: Gewässerstrukturklassen, in: Landesarbeitsgemeinschaft Wasser

S.98: Johannes Krabbe (1553-1616) 1591: Karte der in der Hildesheimer Stiftsfehde verbrannten Dörfer und Städte, Niedersächsisches Hauptstaatsarchiv Hannover, Sig.: 68/m, in: Lutz, Gerda/Bensch, Thomas (Hg.) 2019, S. 30

S.103: Ilse Gottwald 2009, Ihme-Stein, Radierung, Besitz Ilse Gottwald (Reproduktion mit freundlicher Genehmigung Ilse Gottwald)

S.108: anonym o.J.: Adolph Knigge, https://commons.wikimedia.org/wiki/File:Knigge_Freiherr.jpg, „Knigge Freiherr", als gemeinfrei gekennzeichnet, Details auf Wikimedia Commons: https://commons.wikimedia.org/wiki/Template:PD-old

S.113: Louis Wüllner (-1943) o.J.: https://commons.wikimedia.org/wiki/File:Steinkohlen-_und_Kalkwerke_Bredenbeck.jpg, „Steinkohlen- und Kalkwerke Bredenbeck"

S.117: Kartenausschnitt Renaturierung der Wietze im Norden Hannovers 2021: https://e-government.hannover-stadt.de/lhhsimwebre.nsf/DS/0743-2020

S.155: Swantje Osburg 2021: Am Strand in Hannover, mit freundlicher Genehmigung Swantje Osburg, www.illustrewelt.de

S.156: Ihme am Fährmannsufer mit Autor 2022, mit freundlicher Genehmigung Heike Köhn
Umschlagfoto von Daniel Gardemin (Ihmemündung)

Kartenmaterial

Kartenausschnitte hergestellt aus Open Street Map Daten. Open Database License ODbL (http://opendatacommons.org/licenses/odbl/). Retrieved from http://www.open-streetmap.de, http://creativecommons.org/licenses/by-sa/2.0,
Bearbeitet mit Inkccape, https://inkscape.org, mit eingezeichneten Flussläufen und Ortshinweisen von Daniel Gardemin

Literatur

Altenburger, Maxim 2021: Badestandort Hannover. Entwürfe für urbane und öffentliche Badestellen, Masterarbeit Institut für Landschaftsarchitektur, Leibniz Universität Hannover

Andrae, Friedrich Wilhelm 1859: Chronik der Residenzstadt Hanover von den ältesten Zeiten bis auf die Gegenwart, Hildesheim

Bachmann, Torsten 2015: Linden. Neue Streifzüge durch die Geschichte, Erfurt

BBSR Bundesinstitut für Bau-, Stadt- und Raumforschung 2017: Hannover, Revitalisierung des Ihmezentrums, Bonn https://www.bbsr.bund.de/BBSR/DE/forschung/programme/zip/nps/2017/foerderprojekte-2017/steckbriefe/hannover.html

Benne, Simon, Hannoversche Allgemeine Zeitung v. 9.2.2016: Hannover in der Leine. Heute vor 70 Jahren versank die Stadt im Hochwasser

Binding, Ulrike 1991: Archäologie an der Leine. Ur- und frühgeschichtliche Funde aus Hannover und Umgebung, Oldenburg

Blazek, Matthias 2020: Hexenprozesse, Galgenberge, Hinrichtungen, Kriminaljustiz in Hannover vom Mittelalter bis 1866, Stuttgart

BMVI, Bundesministerium für Verkehr und digitale Infrastruktur 2011: 2. Bericht des BMVBS an den Deutschen Bundestag zur Reform der Wasser- und Schifffahrtsverwaltung, https://www.dmvv.de/fileadmin/content/_global/_downloads/politisches/Wassertourismus-WSV-Reform/2.%20Bericht%20BMVBS%20zu%20WSV-Reform.pdf

Bohlius, Ernst/Leonhardt, Wolfgang 2003: Die List, 700 Jahre Umschau aus der Dorf- und Stadtgeschichte, Hannover

Bohne, Horst 2013, Lebensraum Linden: Hannover und Linden als alte (und neue) Hafenstädte (Teil 1), http://www.lebensraum-linden.de/stationen/wirtschaft-und-verkehr/hannover-und-linden-als-hafenstaedte-teil-1-/

Brandau, Achim 2010: Rätsel um roten Turm aus dem 17. Jahrhundert an der Ihme-Brücke gelöst, https://punkt-linden.de/2323/raetsel-sum-roten-turm-aus-dem-17-jahrhundert-an-der-ihmebruecke-geloest/

Brassert, Hermann (Hg.) 1894: Zeitschrift für Bergrecht, Bonn

Buschmann, Walter 2012: Linden. Geschichte einer Industriestadt im 19. Jahrhundert, Hannover

Dannowski, Hans Werner 2000: Dann fahren wir nach Hannover, Hannover

Dannowski, Hans Werner 2009: Unterwegs im Calenberger Land. Kirchen, Dörfer und alte Gutshöfe zwischen Deister und Leine, Hannover

DB Mobil 6/2022: Die Gedanken sind frei. Zwölf Schriftsteller:innen verraten ihre Lieblingsorte

Debo, Ludwig, Lebensraum Linden, 2015: Baurat Debo über die Mechanische Weberei (1863), http://www.lebensraum-linden.de/portal/seiten/baurat-debo-ueber-die-mechanische-weberei-1863--900000067-5201.html)

Deisterbote vom 23.7.1990: Paß up, süs liggste mit'n Basse in'er Bieke, G.G.

Deutscher Ruder Club: Geschichte, https://www.drc1884.de/der-club/geschichte/

Drangmeister, Dietmar 2015: An der Schwelle. Ein Naturführer für die Region Hannover, Stuttgart

Engelke, Bernhard 1910: Lindener Dorfchronik, Hannover

Ersch, Johann/Gruber, Johann (Hg.) 1824: Enzyklopädie der Wissenschaften und Künste, Leipzig

Fricke, Hans-Hermann 2010: Königreich Roloven und Republik Ihme, in: Hertel, Peter u.a. (Hg.): Ronnenberg. Sieben Traditionen – Eine Stadt, Ronnenberg

Gardemin, Daniel/**Kleinhückelkotten,** Silke/**Neitzke,** Hans-Peter 2015: Forschungsbericht zur Studie Ansprüche der Niedersachsen an den Wald (im Auftrag der Niedersächsischen Landesforsten), Hannover

Gauss, Carl Friedrich/**Schering,** Ernst Christian Julius/**Brendel,** Martin 1870: Werke, Vol.9, Göttingen

Gebhardt, Günter 2010: Militärwesen, Wirtschaft und Verkehr in der Mitte des Kurfürstentums und Königreichs Hannover 1692-1866, Stuttgart

Gewecke, Gustav 1979: Reise in Knigges Land, Bredenbecker Chronik 1255-1970, Bredenbeck

Goos, Gunivortus 2022: Das Thing. Volksversammlung, Gerichtshof, Parlament, Usingen

Gramsch, E. 1912: Die Schuljugend und unsere Liebhaberei, in: Blätter für Aquarien- und Terrarienkunde 1912, Band 23

Grohmann, Olaf 1991: Geschichte der Wasser- und Energieversorgung der Stadt Hannover. Von den Anfängen bis zur Gegenwart, Hannover

Grotefend, Karl/**Fiedeler,** Friedrich 1860 (Hg.): Urkundenbuch der Stadt Hannover, Hannover

Grube, Achim 2019: Knigge & Egestorff. Einblicke in das Verhältnis zweier Industrieller im Königreich Hannover, http://www.lebensraum-linden.de/downloads/datei/OTAwMDAxMTQ5Oyo7L3Vzci9sb2NhbCgodHRwZC92aHRkb2NzL2xpbmRlblbi9saW5kZW4vbWVWVuL2Rva3VtZW5oZW5aZVnZXVlbIDomGMcGRm

Grupen, Christian Ulrich 1737: Disceptationes forenses cum observationes, Leipzig

Grupen, Christian Ulrich 1740: Antiquitates Hanoverenses oder umständliche Abhandlung von dem Ursprunge und den Alterthümern der Stadt Hannover, Göttingen

Hagemann, Alfred 2008: Das alte Ricklingen. Fotos einer Ausstellung, Ricklingen

Hagen, Rüdiger/**Neß,** Wolfgang 2015: Mühlen in Niedersachsen. Region und Stadt Hannover, Petersberg

Hamm, Friedrich 1952: Erdgeschichtliches Geschehen rund um Hannover, Hannover

Hannover, Städtisches Presseamt 1936: Hannovers Maschsee. Zu seiner Eröffnung am 21. Mai 1936, Hannover

Hannoverscher Ruderclub: Geschichte, http://www.hrc1880.de/geschichte/index.php

Hartmann, Richard 1880: Geschichte der Residenzstadt Hannover. Von den ältesten Zeiten bis auf die Gegenwart, Hannover

Hauptmeyer, Carl-Hans 1983: Calenberg. Geschichte und Gesellschaft einer niedersächsischen Landschaft, Köln

Hauptmeyer, Carl-Hans/**Rund,** Jürgen/**Streich,** Gerhard (Hg.) 2007: Historisch-landeskundliche Exkursionskarte von Niedersachsen. Blatt Hannover, Bielefeld

Heimatbund Niedersachsen e.V., Gruppe Hemmingen (Hg.) 2008: 825 Jahre Devese, Hemmingen

Hermann, Frank, Hannoversche Allgemeine Zeitung v. 29.7.21: Hochwasserschutz in Bredenbeck. Bauhof sichert Ufer der Gelben Beeke, https://www.haz.de/lokales/umland/wennigsen/hochwasserschutz-in-bredenbeck-bauhof-sichert-ufer-der-gelben-beeke-HW2MET7JNZ-NBUB3VJK5NTLDDRM.html

Hertel, Peter u.a. (Hg.) 2010: Ronnenberg. Sieben Traditionen – Eine Stadt, Ronnenberg

Hesse, Frank Hinrich 1929: Heimatkundliche Wahrzeichen. Ein Begleiter auf Wanderungen durch Stadt Hannover und Umgegend, Hannover

Hirschfeld, Paul 1891: Firmenportrait Aktien-Zuckerfabrik Linden-Hannover, in: Hannovers Großindustrie und Großhandel, Leipzig

Historische Kommission für Niedersachsen (Hg.) 1967: Niedersächsisches Jahrbuch für Landesgeschichte, Bd.39, Hildesheim

Hoppe, Rudolph 1845: Geschichte der Stadt Hannover, Hannover

Hörner, Ludwig 1995: Agenten, Bader und Copisten, Hannover

Ilgen, Volker/**Schindelbeck,** Dirk 2006: Am Anfang war die Litfaßsäule. Illustrierte deutsche Reklamegeschichte, Darmstadt

Jan, Helmut v. 1985: Bischof, Stadt und Bürger. Aufsätze zur Geschichte Hildesheims, Hildesheim

Jürgens, Otto 1907: Hannoversche Chronik, Hannover

Jürgens, Otto 1929: Aus der Vergangenheit der Stadt Hannover, in Hannoversche Geschichtsblätter, 31. Jg.

Kaeding, Peter 1991: Adolph von Knigge. Begegnungen mit einem feinen Herrn, Berlin

Kaiserliches Patentamt 1895: Waarenzeichenblatt Januar 1895, Berlin

Kleeberg, Wilhelm 1964: Niedersächsische Mühlengeschichte, Hannover

Klein, Fritz 1983: „Stinkend von den Flachsrotten der Anwohner". Das Lebensbild der Ihme, in: Mandel, Armin (Hg.): Heimatbuch. Menschen und Landschaft um Hannover, Hannover

Krauss, Friedrich S. 1909: Beiwerke zum Studium der Anthropophyteia, Leipzig

Kühn, Ludwig 2010: Vörie, in: Peter Hertel u.a. (Hg.): Ronnenberg. Sieben Traditionen – Eine Stadt, Ronnenberg

Landesarbeitsgemeinschaft Wasser 2002: Gewässergüteatlas der Bundesrepublik Deutschland, Gewässerstruktur in der Bundesrepublik Deutschland 2001, Hannover

Landeshauptstadt Hannover (Hg.) 2008: Hochwasserschutz in Hannover, https://www.hannover.de/content/download/219844/file/Brosch%C3%BCre--Hochwasserschutz-in-Hannover-.pdf

Leonhardt, Karl 1927: Die Anfänge Hannovers und die Calenberger Neustadt, Hannoversche Geschichtsblätter 1927, 30. Jg.

Linnebach, Andrea (Hg) 2005: Der Münchhausen-Autor Rudolf Erich Raspe. Wissenschaft, Kunst, Abenteuer, Kassel

Lippert, Rainer 2019: Monumentale Eichen. Tausendjährige Eiche n Vörie, in: https://www.monumentale-eichen.de/niedersachsen/v%C3%B6rie/

Lutz, Gerda/**Bensch,** Thomas (Hg.) 2019: Stationen Weetzer Geschichte, Backnang

Malecha, Lisa, Hannoversche Allgemeine Zeitung v. 5.7.2018: Wennigsen. Mühlbach: Nabu pflegt Biotop seit 22 Jahren, https://www.haz.de/lokales/umland/wennigsen/muehlbach-nabu-pflegt-biotop-seit-22-jahren-RP6PBSRDSQFF7OJDFJG7EIESXM.html

Meding, Conrad v. Hannoversche Allgemeine Zeitung v. 17.11.2010: Streit gibt es schon seit Jahren. Hannover fühlt sich beim Hochwasserschutz alleingelassen

Meding, Conrad v., Hannoversche Allgemeine Zeitung v. 9.6.2017: Calenberger Neustadt. Stadt saniert altes Wehr für rund 2 Millionen Euro, https://www.haz.de/lokales/hannover/stadt-saniert-altes-wehr-fuer-rund-2-millionen-euro-2LLP6L2V2EP7GBMZQBH4LJZJKM.html

Merian (der Ältere), Matthaes/**Zeiller,** Martin 1654: Topographia und eigentliche Beschreibung der vornembsten Stäte, Schlösser auch anderer Plätze und Örter in denen Hertzogthümern Braunschweig und Lüneburg, und denen dazu gehörenden Grafschafften, Herrschafften und Landen, Frankfurt

Meschkat-Peters, Sabine 1998: Modernisierung und Industrialisierung in Hannover, in: Historisches Museum Hannover (Hg.): Biedermeier und Revolution, Hannover 1848, Hannover

Meschkat-Peters, Sabine 2001: Eisenbahnen und Eisenbahnindustrie in Hannover 1835-1914, Hannover

Meyer, Manfred: Deisterbergbau, https://deisterbergbau.de/wennigsen/egestorffsche%20gruben.html

Mlynek, Klaus/**Röhrbein,** Waldemar R. (Hg.) 1994: Geschichte der Stadt Hannover, Band 2, Hannover

Müller, Gerhard 1935: Hannoversche Poststationen, Hannover

NABU Wennigsen (Hg.): Wennigser Mühlbach, https://www.nabu-wennigsen.de/unsere-biotope/wenniger-m%C3%BChlbach/

Niedersächsisches Ministerium für Umwelt, Energie, Bauen und Umweltschutz (Hg.) 2016: Umweltkarten Niedersachsen, Handlungsempfehlungen, 21079 Ihme, https://www.umweltkarten-niedersachsen.de/Download_OE/WRRL/WKDB_HE/21079_Ihme.pdf

Naturhistorische Gesellschaft Hannover (Hg.) 2017: Deister. Natur – Mensch – Geschichte, Springe

Neues Hannoversches Magazin 71. Stück 4.9.1801: Bemerkungen für Badende, Hannover

Niedersächsisches Ministerium für Umwelt, Energie, Bauen und Umweltschutz: Umweltkarten, https://www.umweltkarten-niedersachsen.de/Umweltkarten/?lang=de&topic=Basisdaten&bgLayer=PreussischeLandesaufnahme&catalogNodes=&E=544906.73&N=5794195.60&zoom=11&layers=PrioritaereFliessgewaesserinNiedersachsen,Oekologischer_Zustand_Potenzial_Fliessgewaesser

Nielsen, Stefan 1991: Wasser ist zum Waschen da. Flussbäder in Hannover im 19. Jahrhundert, in: Krüger, Arnd: Sport in Hannover. Von der Stadtgründung bis heute, Göttingen

o.A. 1847: Die Haupt- und Residenzstadt Hannover. Ein Führer durch die Residenzstadt Hannover, Bremen

Osten, Victor Jürgen von der 1996: Rittergüter der Calenberg-Grubenhagenschen Landschaft, Hannover

Otto Brenner Akademie (Hg.) 2012: Geschichten aus der Lindener Geschichte (2), Hannover

Papko, Klaus/**Reuter**, Bernd 2016: Zur kulturhistorischen Bedeutung der Linde, in: Sachsen-Anhalt-Journal 2/2016

Patje, Christian 1796: Fabriken-, Gewerbe- und Handlungszustand in den Chur-Braunschweig-Lüneburgischen Landen, Hannover

Patje, Christian 1817: Wie war Hannover? Oder. Fragmente von dem vormaligen Zustande der Residenzstadt Hannover, Hannover

Phillips, Otto 1929: Johann und Georg Egestorff, Hannover

Raabe, Wilhelm 1879: Die Innerste (1874), in: Klemm, Hermann o.J.: Krähenfelder Geschichten, Sämtliche Werke, Zweite Serie, Band 4, Berlin-Grunewald

Region Hannover 2015: Grundlagen für ein Konzept zu wasserbezogenen Naherholungsmöglichkeiten in der Region Hannover, Beiträge zur regionalen Entwicklung, Nr. 141, Hannover

Reichholf, Josef 2007: Stadtnatur. Eine neue Heimat für Tiere und Pflanzen, München

Reifferscheid, Alexander (Hg.) 1906: Korrespondenzblatt des Vereins für niederdeutsche Sprachforschung, Heft XXVI, Norden und Leipzig

Repplinger, Roger 2008: Leg dich, Zigeuner. Die Geschichte von Johann Trollmann und Tull Harder, München

Rischbieter, Henning 1975: Hannoversches Lesebuch. Oder was in Hannover und über Hannover geschrieben, gedruckt und gelesen wurde, Velber

Rodriguez, Ingo, Hannoversche Allgemeine Zeitung v. 16.7.2018: Ihme-Roloven. Fischbestand in der Ihme erholt sich, https://www.haz.de/lokales/umland/wennigsen/fischbestand-in-der-ihme-erholt-sich-4PIHNVJC7V42F6PQSAAE5MHUHQ.html

Rothenburg, Friedrich Rudolf v. 1835: Schlachten, Belagerungen und Gefechte in Deutschland und den angrenzenden Ländern von 1618 bis 1629, Wien

Röhrbein, Waldemar R. 2009: Egestorff, Johann, in: Mlynek, Klaus/Röhrbein, Waldemar R. u.a. (Hg.): Stadtlexikon Hannover. Von den Anfängen bis in die Gegenwart, Hannover

Rückerl, Petra, Hannoversche Allgemeine Zeitung v. 29.9.2022: Lebendiger Uferpark. So könnte eine Renaturierung der Leine in der hannoverschen City aussehen

Saul, Norbert 2008: Johann Egestorff - Vom Lohnder Kleinbauernsohn zur ersten Lindener Unternehmerpersönlichkeit, https://www.seelze.de/wissenswert/stadtgeschichte/besondere-themen/johann-egestorff/biografie-johann-egestorff

Seifried, Peter 2016: Wetberga/Wettbergen. Kleine Chronik des Dorfes 1055 bis 1857, Norderstedt

Schade, Jens 2011: Damals als die Leine schäumte, in https://www.myheimat.de/hannover-seelhorst/kultur/die-doehrener-wolle-gab-kund-und-zu-wissen-m1434535,1285374.html

Schade, Jens 2018: Verschwundene Mühlen im Westen Hannover, in https://www.myheimat.de/hannover-oberricklingen/kultur/verschwundene-muehlen-im-westen-hannovers-eine-schaurige-sage-rankt-sich-um-die-ricklinger-mordmuehle-d2959109.html

Schinkel, Andreas, Hannoversche Allgemeine Zeitung v. 5.9.2022: Hochwasser könnte in Hannover einen Meter höher steigen als bisher gedacht

Schnath, Georg 1998: Das alte Haus. Erinnerungen an eine hannoversche Jugendzeit 1898-1916, Hannover

Schröder, Christiane/**Auffahrth**, Sid/**Kohler**, Manfred/**Priebs**, Axel 2010: Kali, Kohle und Kanal. Industriekultur in der Region Hannover, Rostock

Schmiedchen, Horst 2005: Chronik von Evestorf 1252-2002, Evestorf

Schulze und co (Hg.): Adreßbuch der gesamten Mineralwasserindustrie 1911, Band 3, Leipzig

Schwabe, Bernhard 2014: Altwege in der Hellweg Börde und im Teutoburger Wald, http://www.altwege.de/roemer-und-kelten/hellwege.html

Schüller, Max 1871: Kriegschirurgische Skizzen aus dem deutsch-französischen Kriege 1870/71, Hannover

Schunk, Ralf 2009: 100 Jahre SV Aegir 09. Zeitzeugnisse und Erinnerungen, Hannover

Sonne, Heinrich Daniel Andreas 1834: Beschreibung des Königreichs Hannover, München

Spengemann, Wilhelm 1905: Hannoversche Jugenderinnerungen in Platt und Hochdeutsch, Hannover

Sperlich, Bernd 2016: Typisch Hannover. Schützenfest und Riemkens un Snurren op Calenberger Platt, in: https://www.myheimat.de/hannover-mitte/kultur/typisch-hannover-schuetzenfest-und-riemkens-un-snurren-op-calenberger-platt-d2775173.html

Stadt Laatzen (Hg.): Leineaue, http://www.laatzen.de/de/suedliche-leineaue/leineaue.html

Stadtwerke Hannover AG 2016:.Wasserrechtliches Erlaubnisverfahren Kraftwerk Herrenhausen und Heizkraftwerk Linden, Oldenburg

Städtisches Tiefbauamt Hannover 1921: Die städtischen Badeplätze an der Ihme, Verband der Lindener Turn- und Sportvereine, Hannover

Staudte, Bernd 2008: Freiherr von Knigge und seine Bedeutung heute. Eine Retrospektive, München/Ravensburg

Stöber, Martin 2010: Das Alter der acht Dörfer, in: Hertel, Peter u.a. (Hg.): Ronnenberg. Sieben Traditionen – Eine Stadt. Ronnenberg

Strebe, Bert, Hannoversche Allgemeine Zeitung v. 11.11.2022: Träume, Unbewusstes, seltsame Wesen: Anne Nissens Installation im Kesselhaus Faust

Tasch, Dieter 1986: Wasser, Sport und Spaß, in: Röhrbein, Waldemar R. (Hg.): Der Maschsee. Seine Entstehung und Geschichte, Hannover

Udolph, Jürgen/**Ohainski**, Uwe 1998: Die Ortsnamen des Landkreises und der Stadt Hannover, in: Niedersächsisches Ortsnamenbuch, Bielefeld

Urban, Andreas 2011: Stadtbilder. Hannovers Moderne 1900-1939, Hannover

Walter, Jürgen 2012: Wer war der Architekt der Michaeliskirche?: http://www.michaelis-hannover.de/artikel/2015/01/walter-architekt-michaeliskirche.pdf

Warenzeichenblatt 1902, Band 9

Wegner, Günter (Hg.) 1996: Leben – Glauben – Sterben vor 3000 Jahren. Bronzezeit in Niedersachsen, Oldenburg

Wendt, Dieter 2006: Die Vögel der Stadt Hannover, Hannover

Westermann, Herbert 1975: Die neue Ihme-Brücke, in: Wehrhahn: Hannoversche Geschichtsblätter, Band 29, Hannover

Wolter, Kurt 2018: Eine Radtour entlang der Ihme – von deren Beginn bei Evestorf bis zur Mündung in die Leine, https://www.myheimat.de/hannover-heideviertel/c-freizeit/eine-radtour-entlang-der-ihme-von-deren-beginn-bei-evestorf-bis-zur-muendung-in-die-leine_a2887171